新しい流通論

宮副謙司・内海里香 著

有斐閣ブックス

まえがき

　「新しい流通論」というタイトルに接して，何が新しいのかと必ず問われると思う。そこで，まず，この本の企画趣旨としても，本書の新しさを最初に述べることとしたい。

　従来，流通論というと，生産者から消費者に至る商品の流れを1つの体系としてとらえる考え方であり，とくに，従来，主要な流通チャネルである小売店舗での販売を主として論じられてきた。

　しかし，流通は大きく変化しており従来の流通論では説明しづらい事象が生まれ，その課題も指摘され始めている。たとえば，岸本（2022）によれば，「流通論の商品の社会的移動を分析する視点の影響を受け，商品の品揃え形成という面への関心が強かった。また，流通論のなかでも研究蓄積の多い小売業態論では，取扱商品や販売方法といった小売ミックスに関することが中心に議論されており，外形的な『形態』で識別する議論が多かった。さらに，近年盛んになっている小売事業モデルやビジネスモデルの小売業への適用研究は，機能的な要素の抽象化のレベルが高すぎるために具体的な小売企業経営の流れを理解することが難しい」とされ，小売企業経営論の観点からの問題点としては，「問題点1：顧客価値を生み出す具体的な経営の活動の流れがわからない。問題点2：戦略と組織の関係が明らかにされていない。問題点3：商品軸が中心となり経営論としての視点に欠けている」と指摘されている[1]。

　筆者は，東京大学経済学部で「流通経営」という科目を担当しているが，そこでは，メーカーの立場での流通チャネルと，小売業の立場での業態とその経営のあり方について授業を行っている。

　なかでも後者の小売業の企業経営に関しては，①生産者から消費者に至る各段階でのアソートメントやその連鎖からマーチャンダイジングへのつながり，②マーチャンダイジングが，市場に合わせて商品分類を的確に行い，その体系化と最適化を行う運営であり，それは小売では店舗組織設計にも関わるマネジメントのテーマであること，③小売業が創造する価値を4つのモデルという独

自の考え方でとらえ，複数のビジネスモデルとなることなどを取り扱い，「新しい流通論」として授業を行っている。そこで，そのような小売業の企業経営テーマをカバーする新たなテキストが必要であり，本書を新たに企画するに至った背景となっている。その点がまず本書『新しい流通論』の従来の流通論テキストにない新しさである。

また前者のメーカーの立場での流通チャネルに関しても，従来の卸・小売（店舗）を活用しない，インターネットでの自社チャネル，ネット小売業やECサイト運営企業との取引活用で新しい展開が急速に拡大している。さらに，メルカリなどを活用した消費者間流通（B2Bでも B2C でもない C2C チャネル）が浸透し，消費とは何かが問われ始め，リサイクルも含めた新たな流通の考え方が広がってきている（2022年現在）。

本書は，そのような流通分野の新しい論点についても的確に説明し，そして教室でのディスカッションができるように多くの事例も交えて記述した。そのようなことから「新しい流通論」と名づけさせていただいている。

本書は，東京大学経済学部の「流通経営」と，筆者の本務校である青山学院大学大学院国際マネジメント研究科（青山ビジネススクール：ABS）の「ファッション・リテイリング」の授業のテキストとして使用する。また共著者の文化ファッション大学院大学の内海里香教授も同校の授業で使用する予定である。

想定する読者

読者は，大学の学部生や流通の概要を知ろうとする社会人など，予備知識のない初学者を想定している。まず流通に関心をもち，その変化を知ってもらうことを第一に考えた。そして変化がなぜ起こり，今後どうなっていくかを考える材料を提供する。

本書の構成

本書の構成は，以下の通りである。基本的な概要の理解，現在進行している構造的な変化をつかみ，新しい論点について検討するという構成を基本に敷いている。

序章　流通をみる眼を養うために：流通をみるにあたり，これまでの構造と新しい変化を切り分けて理解することの重要性を述べる。

第１部（第１〜３章）流通の基本をとらえる：従来の流通論のテーマ領域で，基本的な概念や理論を紹介する。まずメーカーの立場での流通チャネル論，次にメーカーから小売までをつなぐマーチャンダイジングの考え方，さらに小売業の業態についてという順で，流通の基本を理解する。

第２部（第４〜６章）流通の構造的変化をとらえる：日本の流通における構造的な変化，その大波の理解を目的に，「アマゾン・エフェクト」「メルカリ・エフェクト」「サーキュラー・エコノミー」の３つのトピックスを取り上げる。

第３部（第７〜９章）小売業の変容と新たな展開をとらえる：構造的な変化がとくに著しい「ファッション・アパレル」，業態としての長い歴史のなかでさまざまな環境変化に適応してきたが，現在まさに構造的課題に直面し，それらをいかに解決するか模索する「百貨店」，新しいマーケティングの仕組みとして注目する「コミュニティ型マーケティング」について議論する。

終章　これからの流通：これからの流通のあり方について，新しい論点を紹介し議論する。

補論　学ぶための作法：流通を学ぶうえでの基礎的なマインド態度として，気づくこと，そして気づくことから考察が始まることの重要性を具体的な手法を交えて解説する。

　本書の章の数は，大学での授業数を考慮し補論を含め 12 章で構成している。すなわち，授業１コマで１章が授業できるような分量で書いている。また本書の筆致として，学生，ビジネスの初心者にも読んでわかりやすい表現に心がけた。すなわち，事例も学生に身近な業界や企業の事例を選んで採用している[2]。これまでの講義経験を十分に踏まえ，なるべく読み手が関心をもつ業界，アルバイトで関わった経験のありそうな企業などを念頭に置いている。

　全般にいえることとして，どの章にも，図表（概念図など）を多く取り入れ，わかりやすくした[3]。また「コラム」を本文の必要な個所に入れて，少し立ち止まって理解が進むようにしている。基本的には，「難しいことをわかりやすく」

「理論には事例を，事例から理論を」という考え方を，本書執筆のポリシーとしている。

謝　辞

　本書の上梓にあたって，感謝しなければならない数多くの方がおられる。まず，東京大学大学院経済学研究科の高橋伸夫先生は，小職の博士論文研究の主査であり，その後，多くの研究発表や教育の機会をいただいている。それらの積み重ねが，このように本書にたどりついたと感謝を申し上げる。

　また流通マーケティングに関して新しいことに積極的に取り組む企業の皆様について，本書で研究対象として着目し，お声かけした際に，情報提供やインタビューなどさまざまな面で快くご協力，ご支援をいただいた。心から厚く御礼を申し上げる次第である。

　筆者が所属する大学院の社会人学生の方々には，それぞれ関係する業界の視点から目を通してもらうとともに，新しい流通に関連するディスカッションを通じて貴重な気づきや示唆を数多くいただいた。

　最後に有斐閣書籍編集第二部の柴田守氏には，上梓までのスケジュールや構成，内容，図版などさまざま場面で有益なコメント，アドバイスをいただいた。また藤澤秀彰氏をはじめとする編集スタッフの方々には，大変お手数をおかけし感謝に堪えない。厚く御礼を申し上げる。

　　2023 年 1 月吉日

宮副　謙司

注 ────────────

1　岸本徹也（2022）「小売企業経営の分析枠組についての検討──小売企業経営論の体系化に向けて」『2022 年度日本流通学会全国大会自由論題報告要旨集』。
2　本書の企業事例の記述について，企業概要や展開の現状に関しては，一般に入手可能な公開情報に基づき記述している。ありうべき誤りは筆者に帰するものである。取り組みの評価や今後の展開に関しては，筆者の考察に基づくものであり，当該企業の見解ではない。
3　各部写真の出所は，すべて筆者の撮影によるものである。

著　者　紹　介

宮　副　謙　司（みやぞえ けんし）
　現職：青山学院大学大学院国際マネジメント研究科教授
　略歴：九州大学法学部卒業，慶應義塾大学大学院経営管理研究科修士課程修了（MBA
　　　取得），東京大学大学院経済学研究科博士課程修了（経済学博士）。2009 年 4 月よ
　　　り現職。
　専攻：マーケティング，流通論，地域活性化，SDGs・シビックエンゲージメント
　主要著書・論文：
　　『新「百貨店」バラ色産業論』（ビジネス社，1994 年），『コア・テキスト流通論』
　　（新世社，2010 年），『全国百貨店の店舗戦略 2011』（共著，同友館，2011 年），『地
　　域活性化マーケティング——地域価値を創る・高める方法論』（同友館，2014 年），
　　『米国ポートランドの地域活性化戦略——日本の先をいく生活スタイルとその充実
　　（共著，同友館，2017 年），『青山企業に学ぶコミュニティ型マーケティング』（中央
　　経済社，2022 年）など

内　海　里　香（うつみ りか）
　現職：文化ファッション大学院大学ファッションビジネス研究科教授
　略歴：一橋大学大学院商学研究科修士課程修了。2019 年より現職。日本百貨店協会
　　　「地域百貨店活性化委員会」コーディネーター，日本マーケティング学会「地域
　　　活性化マーケティング研究会」幹事などを歴任。
　専攻：マーケティング，流通論，民藝，繊維産地研究
　主要著書・論文：
　　『全国百貨店の店舗戦略 2011』（共著，同友館，2011 年），『米国ポートランドの地
　　域活性化戦略——日本の先をいく生活スタイルとその充実（共著，同友館，2017
　　年），『企業経営と地域活性化——愛媛県西条市の事例から』（分担執筆，千倉書房，
　　2021 年）など

目　　次

第3部　小売業の変容と新たな展開をとらえる

流通をみる眼を養うために

この章で学ぶこと／考えること

• モノが生産者によってつくられ，生産者から消費者の手に渡り消費される
　まで，その間の生産から消費までの橋渡しのことを「流通」と呼ぶ。

• 日本の流通は，今，これまで長年続いてきた生産者と消費者をつなぐ関係
　が大きく変化する（変化を迫られている）時期に差し掛かっている。現在の
　流通をみるとき，これまで企業行動の慣行や取引制度などが積み重なって
　基本構造となっていることと，新しく動いている変化を分けてみることが
　重要である。

• 従来からの基本的な構造の部分と新しく変化している部分の違いを熟考し，
　新しい変化によって従来の構造がどう変わり，今後どのような新たな構造
　を生み出すのか，常に的確に展望できる能力を養いたい。

1. 流通についての基本的なとらえ方

　企業の製品製造，マーケティング活動や組織機能などは，時代や環境に応じて変化する。わたしたちは，さまざまな企業活動や消費動向のなかで，どの部分がこれまでの基本という、くき構造的なところか，どの部分が新たに変化してきているところか見極める必要がある。さらにその新しい変化は，一過性のものなのか，今後新たな基本構造になるほどの大きな動きになる兆候かどうかを意識してみなければならない。

1-1. 流通の基本機能

　モノの生産と消費は，社会において両者の橋渡しを行うシステムが存在することによって成り立っている。モノの作り手は生産者（メーカーなど）であり，モノの使い手は消費者であるが，多くの生産者は，基本的には，消費者にモノを直接売ることはせず，つくられたモノは，運び手や売り手を通じて，使い手に受け渡される。モノの作り手である生産者やメーカーから，モノの使い手である消費者に商品が渡るまでを取り結ぶ，モノの流れを担う仕組みができているのである。

　こうしたモノの作り手からモノの使い手までをつなぐ，輸送，保管，商取引といった一連の分業体制からなる活動を流通（distribution）という。

　たとえば，ボールペンの流通を考えてみよう。生産者である文房具メーカーの工場（作り手）で作られたボールペンは，卸売業者である問屋を経て，小売業者である文房具店（売り手）の店頭に品揃えされ，消費者（使い手）が購入して消費者の手に渡り，使われる。この一連の流れが，文房具という商品の流通ということになる。

生産と消費の間の「4つの隔たり」──それをつなぐ流通

　作り手と使い手をつなぐ「流通」は，どのような機能を発揮するのだろうか。流通の機能をみてみよう。

　流通の基本機能は，生産と消費の間に存在する隔たり（discrepancy）を橋渡

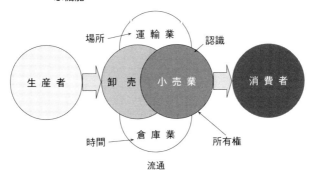

図序-1 流通の機能：生産と消費の間の「４つの隔たり」を結
ぶ機能

（出所）宮副（2010）。

しし，その間を連結するというものである。ここでいう「隔たり」とは，場
所・時間・認識・所有権などの隔たりである。それを橋渡しして連結する機能
をそれぞれ考えると，流通の機能は，①場所の隔たりをつなぐ＝輸送機能，②
時間の隔たりをつなぐ＝保管機能，③認識の隔たりをつなぐ＝情報伝達機能，
④所有権の隔たりをつなぐ＝取引機能という４機能に分類できる（図序-1）。

① 場所の隔たりをつなぐこと——輸送機能

モノがつくられる工場，モノが収穫される生産地と，モノが使われる（消費
者が住んでいる）場所は物理的に離れている。そういった場所の隔たりをつな
ぐ機能がないと，生産されたモノは消費されない。この２つをつなぐ輸送機能
を果たす運び手が存在しなければならないのである。

② 時間の隔たりをつなぐこと——保管機能

モノは計画的に生産される。工場の稼働効率を高めるため同じ数量で生産さ
れることも少なくない。しかし，消費者の需要のタイミングには，需要が集中
する時期と，そうでない時期があり，需要量にばらつきがある場合がほとんど
である。このような場合，生産されたモノは，一時期，一定期間，運び手ある
いは売り手によって在庫として保管され，モノの受け渡しが時間的に調整され
る必要がある。

③　認識の隔たりをつなぐこと——情報伝達機能

　生産者にはモノについてこだわりがあり，その原材料，生産技術，できあがった製品の機能，特性について詳しい情報をもっている。その情報を消費者に伝え，消費者がその製品機能・特性を認識して購買につながるようにする機能が必要になる。

④　所有権の隔たりをつなぐこと——取引機能

　生産者と消費者の間に流通が介在すると，生産者，消費者双方に有効な情報が与えられ，取引機会が生まれる。相互に相手を探索し取引の意図を確かめるための時間は節約され，その分商品の流通速度は短縮化されることになる。またメーカーにとって不当な価格低下，あるいは消費者にとって不当な価格の高騰を防ぐことも可能になる。

　このように，流通の基本機能——4つの機能——を，商業（卸売，小売），運輸，保管などの業界・企業が，分業して担っているということになる。

1-2.　新たな動きと基本構造の変化

　時代が推移し，企業の活動領域や機能が変化することで，生産と消費の隔たりも変化する。とりわけ，近年のように，インターネットや情報システムの急速な進展，いわゆるデジタル化は，その場所，時間，認識の隔たりを，短くしたり，消滅させたりする。

　たとえば，音楽媒体はかつてレコード，CD などのモノだったが，近年では音楽コンテンツがデジタル化してモノという形をとらず，情報として機器に配信され，生産と消費の場所の隔たり，時間の隔たりがなくなった。店舗在庫機能も輸送機能もまったく不要になってしまっている。

　また，消費者は生産者・メーカーが発信する商品についてのさまざまな専門的な情報を検索し吸収して，生産者・メーカー並みの知識を得ることができる。まさに，認識の隔たりも解消できる時代になってきている。

　新しい変化はまだまだ存在するだろう。ここで重要なことは，基本構造と新しい動きが現時点では，まざって同じようにみえていても，これまで続く基本構造の部分，基本が変化している部分，あるいは，まったく新しい部分の3つを明確に区分して見極めることである。

基本構造がどのように変わっていっているか，それについては，本書第2部・第3部でみていくこととする。

2. 流通をみる眼
──流通の変化・変遷をみることで得られる示唆

　これから第1部，第2部，第3部と，流通をみていくが，流通の変化や変遷をみることで得られる示唆を先に示しておきたい。この観点を事前に理解して（頭の片隅においていただいて）本書を読んでいただくと，教科書として知識を得る以上に，企業経営の実際のケースを読むようなダイナミックな展開のおもしろさを楽しんでもらえると思う。

2-1. 成功要因が足かせに，そして再び成長要因になる

　かつて「成功」とされたメーカーの流通チャネルが，時代を経る間に消費者のニーズや競合の動きなど市場の環境が変わり，いつの間にか市場変化に対応できなくなり，それらが主力のチャネルであればあるほど，今後の成長や改革の足かせになってしまうというケースがしばしばみられる。そして，さらに時代が巡って，次の新しい環境になったときに，今度は以前と違った視点で，課題となっていた先年の強みが再び活かされることもよくあることである。

　具体的には，メーカーが高度経済成長期に製品シェアを拡大することに貢献したチャネル，たとえば，化粧品や家電メーカーの中小専門店の系列化や，飲料や自動車メーカーが全国の地元企業と組んだチャネルづくりなどは，チャネル形成の初期段階では営業力を発揮した成功の要因であったが，環境が変わったことで，成長の足かせとなってしまった。

　しかし，その企業の内部に蓄積された組織能力という経営資源は，その後，違う形で新しいチャネルの形成に活きる場合もある。たとえば，資生堂は，系列専門店を巡回して営業支援をしてきた美容部員の専門知識や接客能力の高さをコンサルティングとしてビジネス化し，会員顧客への個別対応により収入を得る直営の新業態の開発・運営に活かしている。全国にある系列専門店は，資生堂オンライン「ワタシプラス」の端末を設置すると，オンラインとオフラインを統合的に運用する「オムニチャネル・リテイリング」のとても重要な拠点

として機能し，オンラインで顧客が注文した商品のピックアップができるとともに，店舗の店員と会話し交流するコミュニティの場ともなる。そのような蓄積された組織の強みをいま一度確認し，今後の改革につなげていくことができるわけである。

2-2. 流通端末の意味づけと新しい可能性

従来のチャネルが，時代の変化ともに，新しい意味づけをもって脚光を浴びることもある。清涼飲料の自動販売機は，その代表例である。さまざまな場所に設置された自動販売機は全国で 220 万台あるといわれているが，情報通信技術が進化して，在庫量を通信で確認できる拠点となっている。またスマートフォンでの決済が浸透するにつれて利用顧客の識別ができる CRM（カスタマー・リレーションシップ・マネジメント：顧客関係管理）の端末になるという新たな機能も持ち始めている。

近年では，JR 東日本が行っている中元ギフトを数点ガラス陳列に入れ台車を模して駅構内に設置し，オンラインでの購入を促すギフト端末や，JR 西日本の「みどりの窓口」のデジタル端末化（オンラインでの画面を通じた接客も可能）など，流通端末の新しい意味づけとそれによる新たな市場創造の可能性にも注目したい。

2-3. 日本の流通の特性――これまでを含む今をみる眼

戦後における日本の流通を振り返ると，その特性は，第 1 に，小売業態が実に多様化した市場であるということである。これほどまでに小売業態が揃った市場も国際的に数少ないのではないかと思われる。たとえば，欧米に比べ，コンビニエンス・ストア業態の存在が大きく，しかも住居地域やオフィスに隣接して出店し日常生活に浸透していることや，業態として歴史の長い百貨店業態が一定のシェアを維持していることなどが特徴である。

第 2 に，小売業態の多様性を反映して，その業態を支える商品供給の仕組み，すなわち物流の方法もさまざまであるということである。この結果，多機能な小売支援やロジスティクスをもつ卸売業や物流業が活躍するという状況につながっている。

日本の流通特性というと，小売業が小規模で多数存在すること，そして，その仕入や物流を支援するために，2次卸，3次卸など流通チャネルの段階数が多くなっているということがあげられてきた。しかし，より的確にその特性を表すとすれば，このような業態の多様性と，卸・物流の多様性の2点ではないだろうか。そのようなとらえ方をすれば，日本における流通の基本構造とその特徴は，すっきりと理解できるはずである。

　現在あること，起こっていることは，今生まれたのではなく，これまでの歴史的な経緯から，その時代時代の積み重ねから生じていることを認識するべきである。

2-4. 流通は人に多く関わる産業であるということ

　商品の価値を確実に伝えるためには，ものづくりに関わるメーカーの人，流通チャネルに関わる流通業の人，それぞれが，それぞれの段階で，あるいは共同で，さまざまに創意工夫することが必要になる。このような創意工夫の積み重ねや相乗効果こそが，付加価値ということであり，そのことに思いや情熱を注ぐ人々のエネルギーが，それに関わる人すべてを生き生きとさせることにつながると思われる。

　流通あるいは流通チャネルとは，メーカーと消費者の間で，モノを受け流す・運ぶということだけでなく，より価値のある提供物を生み出し，その価値を確実に，そしてさらに高めるように消費者に受け渡し，消費者個々の満足を高めていくことだととらえられる。

　変化が楽しい時代となった。変化に直面して慌てるのでなく，先を見通し現在打てる手を的確に実施していく。そのような企業人を目指したい。

.

第 1 部

流通の基本をとらえる

第 1 章

メーカーの流通チャネル

この章で学ぶこと／考えること

• 生産者から消費者までモノが至るまでのモノの移転に関して形成された流れ（経路），あるいは，それに関係する構成メンバーが「流通チャネル」である。

• メーカーの立場で流通チャネル戦略を考えると，メーカーが自社の商品を消費者に向けて売る場合，①自社の営業担当者あるいはネットなどによって，自らが消費者に売るのか，②他社である卸・小売（ネット小売業を含む）を経由して消費者に売るのか，という 2 つの選択肢が考えられる。

• さらに小売業にはさまざまなタイプ（業態）があるので，どのタイプの小売業（業態）を選ぶかを考えることが重要となる。小売業の立場でいえば，どのような機能を発揮するのか，その存在意義や価値が明確でなければならない。明確でないと，メーカーからも消費者からも選ばれることがないからである。

1. メーカーの流通チャネルをみる

モノが生産者によってつくられ，生産者から消費者の手に渡り消費されるまで，その間の生産から消費までを橋渡しする機能が「流通」である。そして，モノの移転に関して形成された流れ（経路），あるいは，これに関係する構成メンバーのことを「流通チャネル」と呼ぶ（図 1-1）。

1-1. メーカーの流通チャネルをみる──3つの視点

メーカーの立場で流通チャネルをみると，商品分野ごとにさまざまな形態があり，特徴がみられる[1]。その現状を分析し特徴を理解するためには，的確な分析視点をもっておくことが必要となる。

メーカーが消費者に向けて展開する流通チャネルの特徴をみるのに，下記のような視点があげられる（またこれから新たに流通チャネルを構想する場合でも，この視点を用いて検討することができる）。

(1) 流通チャネルの段階（長さ）──メーカーと消費者の間に，商業者（卸売業者・小売業者）が介在するとすれば，何段階の商業者の仲介によって流通するかをいう。その段階数が多い場合，垂直的に長いととらえる。

(2) 流通チャネルの幅──販売先となる小売業態の数をいう。その数が多い場合（多くの小売業態で商品を販売する場合）を水平的に幅広いととらえる。メーカーの商品の特性に応じて，①開放的（多）チャネル，②選択的チャネル，③排他的（少）チャネルの3タイプに分類される。

(3) 結びつきの程度──メーカーと卸売業・小売業の関係の深さをみる。その関係は，①統合型（メーカーが卸機能，小売機能までを垂直統合し，自らのチャネルとしてモノを流通させる），②市場型（メーカーが市場取引によって卸売業者，小売業者を活用する），③管理型（メーカーが小売機能までを系列化して，チャネル全体を一貫して管理する）に分類される。

続いて，それら3つの視点をくわしくみていこう。

図1-1　流通チャネル

● 流通チャネルは，モノの移転に関して形成された流れ，あるいは，それに関係する構成メンバー

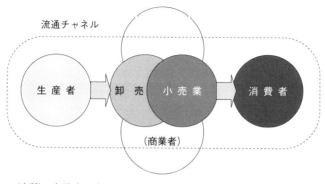

（出所）　宮副（2010）。

1-2. 流通チャネルの段階・長さ

　メーカー（およびその業界）の流通チャネルは，その段階数で特徴づけられる（図1-2）。何段階の流通チャネルを用いるかは，その製品の特性によるところが大きい。

ゼロ段階チャネル

　ゼロ段階チャネルとは，メーカーが直接顧客に販売するケースで，典型的な例としては，訪問販売の医薬品や化粧品，あるいは高価格少量生産の宝飾品・ハンドバッグのような商品が当てはまる。販売量・額が直接販売組織で賄うのに十分な場合には，このゼロ段階チャネルは有効である。直接販売には，販売活動を方向づけて管理できるという利点がある。また，営業担当者も，当然ながら他社製品の販売に気を使うことなく，自社製品に集中できる。さらに，直接販売には，顧客が要求する技術サポートなどを的確に提供できるメリットもある。

1段階チャネル

　1段階チャネルは，メーカーと消費者との間に商業者が1つ介在するケース

図1-2　メーカーの流通チャネル戦略：チャネルの長さ（段階）

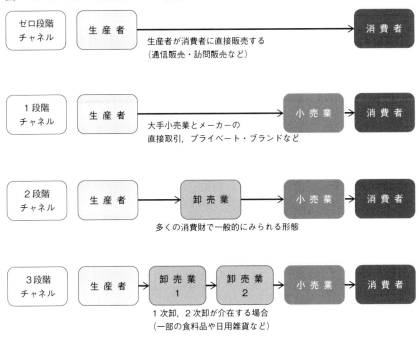

（出所）　宮副（2010）。

である。自動車業界のように，メーカー主導の系列化というチャネル（商業者
はそのメーカー車を販売するディーラー）はその例といえる。イオンやセブン＆ア
イといった大手小売業は，卸売業者を排して直接メーカーと取引する形態もみ
られる。

2段階チャネル，3段階チャネル

　消費財において最も多くみられるのが2段階チャネルである。小売業にとっ
ては少量取引に好都合であり，メーカーにとっては広範囲に販売を拡大しよう
としたり，小売業が多数で分散している場合などにメリットがある。
　単価が比較的低く，購入頻度の高い製品では，もう1段階増えて，3段階
チャネルを通して販売されるようになる。食料品や日用雑貨品（洗剤やトイレ
タリー用品など）のように小売店の数が多い製品がこれに該当する。

なお，段階数が少ないとき，その製品分野の流通チャネルは短いといい，また段階数が多い場合は，その流通チャネルは長いという。

1-3.　流通チャネルの幅（数）

　流通チャネルの幅，あるいは数をみるということは，商品の販売先となる流通業，小売業の数が多いか少ないかを測ることになる（「チャネルの広狭基準」とも呼ばれる）。広いチャネルは，特定地域に数多くの販売先が設定されるものであり，狭いチャネルは少ない販売先に限定して商品が流通されることになる。

　この視点から，流通チャネルの幅（数）は，①開放的（多），②選択的，③排他的（少）の3つのチャネル・タイプで説明される（Copeland, 1924）。

開放的チャネル

　特定地域内のできる限り多くの小売業を販売窓口とするチャネル・タイプとして，開放的チャネルがある。このチャネル・タイプは，購買頻度が高い最寄品（convenience goods：日用雑貨など），緊急性の高い医薬品などに適している。つまり商品に付随した情報・サービスの提供量が少なく，店頭に在荷される度合いが販売動向を決定的に左右するような商品に適している。同一ブランド商品でも複数の卸売業・小売業間で販売競争が展開される。

　最寄品という消費者の購買頻度の高さに適合するように，できるだけ多くの店舗に配荷する必要があるため，卸売業も多く用いられる。ただ，メーカーにとっては，チャネルへのコントロール力は最も弱いとされる。

選択的チャネル

　特定地域内の選ばれた小売業を販売先とするチャネル・タイプとして，選択的チャネルがある。販売先の増大による販売数量の伸びについては，それほど期待せず，付帯情報・サービスの提供，商品イメージの維持を重視して販売を伸ばす戦略である。販売先を制限し，チャネルを管理しやすくすることが主要な課題となる。機能説明が消費者の選択ポイントとなる家電製品やファッション性のある衣料品などの買回品（shopping goods）では，消費者に商品の品質や特徴を的確に伝えてくれる商業者を選んで流通チャネルとすることになる。

選択した商業者が競合するメーカーの商品を取り扱うことは問題にしないが，小売業の営業方針・販売方針や業態，店舗のイメージや立地場所などがそのメーカーにふさわしいか否かなどといった基準でチェックし，基準を満たしたもののみに当該メーカーの商品の取扱いを認めるというものである。販売力や資金力，メーカーへの協力度合い，競合商品の割合，立地条件など一定の基準を用いて選定した小売業者に自社製品を優先的に販売させる政策で，平均以上の成果，適度なコントロール，流通コストの低減が実現しやすいなどの利点がある。

排他的チャネル

特定地域内に1つの販売窓口を設定するチャネル・タイプが，排他的チャネルである。自動車，高級ブランド品などブランド・イメージを重要とする高額品や専門品（specialty goods）について適したチャネルといえる。販売先となる流通業は特定地域での販売権を独占・占有できる代わりに，競合商品の販売禁止や価格維持，その他の条件を要求される場合が多い。

メーカーはこの政策により商業者の販売意欲を高め，その販売方法をコントロールし，製品のイメージ向上や利益確保を図ることができる。この方法は効率的・有効的なマーケティング活動を行うための系列化促進政策を展開する場合に有利で，自動車，家電製品，ブランド・ファッション（デザイナー・ブランドやラグジュアリー・ブランド）などでよくみられる。ただし，政策を維持するために生じるコストの増加や，商業者の創造性・主体性の減退などのデメリットももっている。

1-4. 結びつきの程度

流通チャネルの特徴をみる際の3つめの視点として，メーカーと流通チャネル・メンバーの間の結びつきの程度があげられる。その視点では，統合型チャネル，市場型チャネル，管理型チャネルという3タイプに基本的に分類できる。

統合型チャネル

メーカー自らが卸売段階で「販社」（販売会社）を，また小売段階ではメー

> **【コラム】 商品の特性**
>
> 　商品の特性については，消費者の購買行動によって，最寄品，買回品，専門品の 3 つに類別される（Copeland, 1924）。
>
> 　⑴　最寄品（convenience goods）
>
> 　通常，必要性を感じたらただちに需要がはっきり浮かんでくる，消費者になじみのある商品である。そのため買い物の便利さが一般的な購入動機となる。商品の品質や機能などを比較検討する必要がないため，消費者は身近な店舗（最寄りの店）に立ち寄り，頻繁に反復購買することになる。
>
> 　⑵　買回品（shopping goods）
>
> 　買回品は，消費者が購買する際に，価格や品質などを複数の商品間で比較して購買の意思決定をする商品である。この場合における消費者の購入動機は，選択の多様性や品揃えの豊富さであり，実際に複数の店舗を見て回って購入することになるため買回品と呼ばれる。
>
> 　⑶　専門品（specialty goods）
>
> 　専門品は価格以外に消費者を引きつける特別な特徴を備え，消費者がそれが売られている特定の店にわざわざ出かけ，しかも買い回ることなく購入される商品である。専門品に対する消費者の購買動機は，メーカーのブランドや名声などであり，消費者は特定の商品を購入するためにたとえ不便でコストがかかってもひいきする店舗に出向くことが多くみられる。
>
> 　従来は専門品であったメガネは，近年では機能（視力に合うメガネ）ということ以上に，デザインやブランド，あるいは価格などの選択基準も増え，複数の店を買い回る傾向も高まっており，買回品として位置づけられるケースも出てきている。

カー直営店をつくって，モノを流通させるケースが，統合型といわれる流通チャネルのタイプである。メーカーにおけるマーケティング戦略の観点からすれば，最終的に消費者へ製品が販売される小売段階をできる限り自由にコントロールすることが望まれる。そのための最も直接的な手法が垂直統合である。この場合，メーカーが卸売段階と小売段階を自ら運営することになる。

　しかし，メーカーが自ら全国の市場をカバーしようとすると，膨大な数の店舗を出店しなければならないので，莫大な固定費がかかることになる。また，

消費者への販売に伴うリスクの分担，あるいは吸収がなされなくなるという点も課題となる。メーカーが生産した商品を個々の消費者が確実に買うかどうか（量の問題），あるいはいつ買うのか（時期の問題）などを正確に予測することは困難である。それでは製品の売上が不確実ということになるが，メーカーと小売店が市場取引による売買であれば，メーカーがいったん小売店に製品を販売すれば，所有権は小売店に移るわけで，その時点でメーカーは小売段階での販売の不確実性から解放されることになる。

　小売店はメーカーから仕入れた製品の消費者への販売が思わしくないときには，次回から仕入量を減らすかもしれない。しかし，それでも小売店の在庫分だけは，メーカーのリスクは分担ないし吸収されるわけで，メーカーはこの在庫が小売店頭で売れないとわかれば，生産量を減らすとか，製品の改良を試みるなどといった対応を図ればいいことになる。こうした意味で，小売店は，消費者への販売に伴うリスクを，メーカーと分担し，あるいは吸収するのである。

　さらには，収益性の問題がある。メーカーが小売段階を統合し，そこで自社製品を販売した場合，複数メーカーの製品を扱っている小売店と比べ，品揃えが限定されて顧客吸引力が小さくなったり，あるいは，取引，配送，広告などの活動に関する費用が割高になったりすることがある。その結果，小売活動の収益性が悪化したり，採算が成り立たなくなる場合も生じてくる。

市場型チャネル

　市場型という流通チャネルは，モノの流通を外部の商業者に任せるケースで，これから販社を設立して販売チャネルを作り上げていくよりも，いち早く，今ある販売チャネルを活用して，モノを流通させることができる。

　統合型の課題がいくつかあったが，その課題を回避するためのメーカーにとっての1つの手法が，小売店との関係を市場取引に委ねるというやり方である。この場合，小売店は通常複数メーカーの製品を取り扱い，また特定のメーカーにこだわらず自由に営業活動を行う。そしてそのことによって顧客吸引力を発揮し，また取引，配送，広告などの活動における効率性を追求できる。しかもメーカーと小売店間の関係が市場取引である限り，消費者への販売における不確実性は原則的に両者間で分担されることになる。

　ただ，小売店がメーカーから独立した存在であり，複数のメーカーと市場取引を行っている限り，彼らの活動を特定のメーカーが自由にコントロールすることはできない。つまり，このような市場システムのもとでは，メーカーが小売店をマーケティング手段の1つとして活用できる余地がないからである。

管理型チャネル

　メーカーが小売店まで系列化して，流通チャネル全体を一貫して管理するケースとして管理型がある。たとえば，家電のパナソニックや，化粧品の資生堂などは，商店街にある家族経営の専門店などを「パナソニックショップ」「資生堂チェインストア」という名前で系列化し，同じような看板を掲げ，ポスターやのぼりなど宣伝・販売促進の材料も提供して，経営を支援し，自社製品を流通させることに努めている。

　メーカーと小売店の第3の関係が，流通系列化といわれるものである。これはメーカーが小売店との間に売買取引を維持しながら，垂直統合のメリットをできる限り追求しようとしたものだといえる。そこでは，小売店はメーカーとは独立した存在であるために，自ら固定費を負担し，また消費者への販売におけるリスクを分担する。しかし，系列関係により，メーカーは小売店の意思決定に影響を及ぼし，販売場所の確保，説明販売や推奨販売，サービス提供などの面で小売店から優先的な扱いを受けることが可能になる。

> **【コラム】 代理店と特約店（特約卸）**
>
> 　メーカーが販売業務委託契約を結んだ卸売業者は，メーカーの販売代理店といわれるが，そのなかでも自社製品を専売する特定の契約を結んだ卸売業者は特約店（特約卸ともいう）と呼ばれる。
>
> 　特約店は，契約を結んだメーカーに保証金を預け，メーカーは希望小売価格を指示するなど有利な条件で製品の仕入を行わせる。その見返りとして，特約卸にはリベートや資金援助，新製品情報の提供などメリットがもたらされる（卸売業者は，大手メーカーの特約卸となることで企業の信用力も高められるメリットもある）。メーカーは，この制度によって自社製品の販売経路を全国的に安定させ，拡大させていくことができる。

　メーカーが流通チャネルにおいて，垂直統合を行うか，市場取引を行うか，あるいは，流通系列化へ進むかは，重要な戦略的選択である。しかも，これまでの説明では，話を単純にするために，メーカー対小売店の関係を想定してきたが，現実には，メーカーが卸を垂直統合し，小売店は系列化を行うとか，あるいは，卸は系列化し，小売段階は市場システムを通じて流通させるといったケースが少なくない。つまり，メーカーとしては，このようなさまざまな組合せのなかから自社にとって実行可能な最適オプションを選択することになる。

2. 流通チャネルの設計

2-1. 主なチャネル候補の検討

　流通チャネルを設計する際に，最初に決めなくてはならないのが，①自社で直販するか，②自社で卸機能をもつか（販社を運営するか），③外部の流通組織を活用するかなどの検討・選択ということである。

　まず，自社の従業員で構成される営業組織でチャネルを設計する場合と，代理店やディーラー，小売店のように複数企業の製品を販売する外部組織でチャネルを設計する場合とを明確に区別しておく必要がある。

　分社化されている販社はこの中間的な位置づけとなるが，資本関係があり，

自社製品のみを扱うのであれば，自社組織と考えてよい。外部の流通組織にお
ける商業者は，メーカー（もしくは，自社より上流の商業者）から仕入れた物品
の販売を行うことで利益を得る。商業者は一般に，限られた分野の製品を扱う
専門業者と，幅広い分野の製品を扱う一般業者とに分けることができる。多く
の商業者は複数の支店・店舗をもっているが，そのサービスの大半は地域的に
限定されており，各企業は，製品ラインや顧客サービスをその地域に適合した
ものにするなどして，独自の運営スタイルを築いている。

　ただ現在では，少数の大資本による流通チェーンが強い影響力をもつように
なってきている。そうした全国規模のチェーン組織は，一方で地域の市場環境
に適合する柔軟性をもちながら，他方では仕入先との交渉で絶大な取扱量に支
えられた交渉力を発揮している。なかには，イオンやセブン＆アイのように，
IT を駆使して売れ筋管理や在庫管理を推し進めることで，メーカーに対し強
い交渉力を有しているチェーンも存在する。

　一般に，メーカーと商業者との関係は，明文化された協定に基づく長期的な
ものであることがほとんどである。これにより，商業者は安定した供給源を確
保するとともに，販売トレーニングや新製品情報，在庫管理，顧客サービス，
技術支援などの面で，メーカーからの援助を受けることができる。

自社で直販するべきか

　メーカーが自ら消費者に対して，自社で運営する通信販売や訪問販売などを
通じてモノを届けるという直販を検討する際には，販売量が直販方式を維持す
るのに十分かどうかがまず問題となる。この判断にあたっては，想定される総
販売量，製品特性や製品単価，潜在顧客の地理的集中度または分散度，顧客の
規模，そして1取引当たりの取引量が影響する。

　たとえば，製品単価が安く潜在顧客も分散している製品を，メーカーが自ら
直接，店舗を設けて販売するのは非経済的である（1-4 の統合型チャネルに関す
る解説を参照）。逆に，製品単価が高かったり大量購入の可能性があり，顧客が
地理的に集中していて，特定できる場合であれば，直販のほうが有利となる。

　また，経済性をある程度犠牲にしてでも，直販を一定比率維持する場合もあ
る。多くの高級ブランドは，銀座や青山などに直営のフラッグシップ（旗艦）

図1-3 メーカーが販社制度をとる意味

● 販社制度＝メーカーは小売の受発注情報（需要情報）・商品納入・在庫情報を把握可能。
中間マージンも少なくて済む

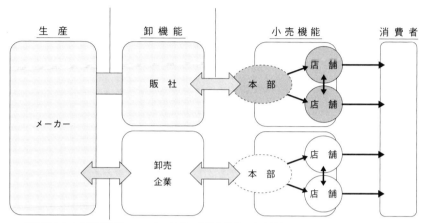

● 卸売業との市場取引関係：メーカーは卸の受発注情報・在庫情報などしか把握できない
（小売・消費者情報から遠い）

（出所）　筆者作成。

店を運営している。これは、優良顧客の囲い込みなどの使命を果たすことを目的としており、百貨店で販売を行う「インショップ」の手本となっている。

自前の販社をもつか、卸売業を活用するか

　消費財メーカーのチャネル選択における意思決定課題には、卸段階で自前の販社をもつか（企業システムのなかに組み入れるか）、あるいは卸売業を用いるか（外部の企業に対する管理システムを構築するか）というものがある（図1-3）。

　販社は、前述のように、ある意味でメーカーの分身であり、特定メーカーの商品を専売、あるいは、主要取扱商品とするメーカー系列の卸売業と位置づけられる。

　販社は、業界によっても多少異なるが、おおむね販売業務に加えて、担当地域（テリトリー）の物流拠点、小売店やユーザーからの情報収集といった役割を担う。販社制度の長所は、①販社を通じて小売店との密接な連携のもとに、消費者ニーズの把握と、消費者満足の実現に取り組める、②メーカーの意向を

販売組織の末端まで浸透させることができることから，販売価格の維持に有効で，③中間段階のマージン（販売手数料などの利ざや）が少なくて済む，④流通在庫を正確に把握できる，といった点である。

　その一方で短所・問題点として，販社設立に多大な資金を必要とし，かつメーカーの経営責任が問われるなどの点があげられる。

　実際の特徴的な例をあげると，トイレタリー業界では，花王は自前の販社をもっているが，ライオンは卸売業を利用している。

Case-1　花王の販社制度

　花王の販社「花王カスタマーマーケティング」は，花王の関係会社であるが，実質的には，花王の内部組織と変わらないもので，セールスアドバイザー（SA）と呼ばれる営業担当者によって，店頭の販売情報や消費者の購買情報が収集され，花王に伝達される。このメリットを花王は重視しており，卸を通すと，このような小売現場の情報がなかなか得られないが，花王は，販社制度によって現場情報を製品開発や販売促進，売場改善に活かし，花王と小売店双方の業績向上を図ろうとしている。

　花王は，販社制度によるチャネル戦略を展開したことによって，次のような成果を得たと考えられる。第1に，メーカーの営業部隊を販社に移動したことで，卸対象の営業でなく，小売対象への営業が可能となった（店舗への訪問可能に）。第2に，それに伴い，メーカーが小売店頭の営業情報収集力を強め，小売の大規模化・広域化・情報把握によるパワー拡大に対抗できた。さらに特定カテゴリーで販売実績首位を占めることができ，他社製品も含めたカテゴリー・マネジメントも可能になった（他社に比べてより競争優位に）。第3に，（本部機能の強力な大手以外の）量販店などチェーン小売業からの支援要請に対応して，小売業の本部・店舗の業務・機能を担うことになり，結果として，「リテール・サポート」という新ビジネスへと発展させ，小売業における花王のシェアをいっそう高めることにもなった。

2-2.　チャネル選択の評価

　販社（自社）か，卸利用（他社）かといったチャネル選択の判断基準として，

経済性，コントロール力，適応性の基準から評価される（表1-1）（コトラー，邦訳2001，612-613頁）。

経済性での評価

　それぞれの候補は販売水準とコスト水準が異なるため，これを3つの段階から評価する。すなわち，第1段階としては，自社の営業担当者と卸売業者などの販売代理業者のどちらが，より高い売上を達成できるのかを見極めることである。

　マーケティング・マネジャーは概して，自社の営業担当者のほうが，販売力が高いと考える。営業担当者は自社製品に努力を集中するし，その製品を販売するための教育をよく受けており，自分の将来が会社の成功にかかっているため，より積極的に営業活動を行うことになる。また，多くの顧客はその企業と直接取引をしたいと考えるので，自社の営業担当者のほうがうまくいく場合もある。しかしながら，販売代理業者のほうがよく売れるという考え方もある。第1に，販売代理業者の営業担当者は自社の場合よりも多く配置可能である。第2に，販売代理業者の営業担当者は歩合の水準によっては自社の営業担当者と同じくらい熱心になる場合がある。第3に，当該企業の販売員よりも，複数の製造業者の製品を扱っている販売代理業者との取引を望む顧客もいる。第4に，販売代理業者は取引先が幅広く，市場の知識も豊富である。自社の営業担当者が，ゼロからスタートしてそこまで到達するのは容易なことではない。

　次の第2段階は，それぞれのチャネルで異なった量を販売した場合の販売コストを見積もることである。販売代理業者との契約にかかるコストは，自社の販売店を設立する場合のコストよりも低いが，しかし販売代理業者の販売員は自社の販売員より多くの歩合をもらうため，販売代理業者にかかるコストは急激に上がることになる。

　最後の第3段階は，売上とコストを比較することである。2つのチャネルとも販売コストが同等になる販売レベルがある。販売量がその販売レベル以下ならチャネルは販売代理業者のほうがよく，レベル以上なら自社の販売店のほうがよいといえる。

表 1-1　流通チャネル設計：販社（自社）か，卸（他社取引）利用か，チャネル選択の判断基準

	販　社	卸（取引）
①経済性		
・販売水準　（販売力，営業力）	△	○
・コスト水準	△	○
②コントロール力		
・自社戦略・政策徹底の度合い	○	△
・市場情報の収集・活用の度合い	○	△
③適応性		
・市場変化に対応できるか	?	○

（出所）　Kotler and Keller（2009）pp. 457-466 をもとに筆者作成。

コントロール力での評価

　販売代理業者を使うと，コントロールの問題が生まれる。販売代理業者は自社の利益を最大限にしようとする独立企業なので，大量に買ってくれる顧客に集中し，製品自体は重視しないかもしれない。また，販売代理業者は製品の技術的な詳細を熟知していなかったり，販促資料を効果的に使いこなせないかもしれないというリスクも発生する。それに対するコストについて見込んでおく必要がある。

適応性での評価

　チャネルを開発するには，メンバーが一定期間，互いに取引関係の義務をもたなくてはならない。しかし，そこから生じる制約は，メーカーの市場変化に対応する能力をどうしても低下させる。変化が激しく不安定な製品市場においては，メーカーには適応性の高いチャネル構造とチャネル方針が必要となる。

2-3.　チャネル・メンバー企業の選定

　以上の枠組みが決まれば，次はチャネル・メンバーの選定となる。マーケティング担当者は，具体的にどのような企業と取引を行うかに関して，明確な選定基準をもつ必要がある。

選定基準としては，①財務内容など企業の健全性，②果たしうる機能，③得意とする製品カテゴリー，④販売組織の確立度，⑤顧客の数と質，⑥対顧客交渉力（顧客との人間関係，小売店での売場獲得力など），⑦取引条件，物流能力，情報武装のレベル，コントロールのしやすさなどがあげられる。

メーカーにとって，卸売業者の選定基準は，取扱品目，業界経験，ネットワーク，支払い能力，営業担当者の質などということになり，小売業者についての選定基準は，製品と対象顧客層のフィット，チェーン化の度合い（店舗展開の密度），店舗の立地，展開地域あるいは全国化の程度などで，業態や企業が選択される。

Case-2　トヨタとホンダにおけるディーラー企業の選択

トヨタは，流通チャネルの形成，すなわち「ディーラー」という特約店契約の販売業者を全国各地で選定するにあたって，特徴的な方法をとった。それは，取組み先として，その経営の健全性，販売組織の確立度，顧客の数・質，対顧客交渉力・営業力などを検討し，地域の有力企業に資本を出資してトヨタ車を販売するディーラーを設立したということである。たとえば，岐阜の西濃運輸，京都のヤサカグループ（タクシー会社），佐賀・福岡の昭和バスなどとの取組みである。実際，このような独立系のディーラー制度は，市場展開の初期におけるチャネル形成に有効で，その企業の地域における営業力と信用力や，地域の有力者への紹介販売などで営業基盤を固め，一気に販売シェアを高める結果となった。

またトヨタのディーラー系列は，車種によって４つの系列に分かれていた。クラウンやセンチュリーなど高級車や法人ユーザーを対象にした「トヨタ店」，マークＸなどミドル・レンジの車種を扱う「トヨペット店」，カローラやミニバンなどのファミリー向けの「トヨタカローラ店」，ヴィッツなどの若者向き車種の「ネッツ店」という系列である。このようなディーラー系列が強い営業力をもって，多様な顧客層へ向け営業を行った。トヨタのこのような地場資本と組んだディーラーによる，車種群ごとの流通チャネル形成などの戦略は，高度経済成長期，つまり自動車需要が拡大した時代には，強みを発揮した。

しかし，近年自動車需要が低迷し，消費者ニーズの多様化も進み，流通チャネルの再編（統合）が必要な時代となった。

一方，ホンダは，2006年から国内全モデルを３系列での完全併売として流通

チャネルを事実上一本化し，店舗名も「Honda Cars」（ホンダ・カーズ）と変更し，チャネルを再編した。ホンダがこのようなディーラー・チャネルを大胆に再編できたのは，自社系で経営されていたためと考えられる。一方トヨタは，地域の地場資本の入ったディーラーを再編できないという課題に陥っている。かつての成功要因が現在は成長の足かせになっている状態である。

　ホンダは2021年，国内自動車メーカーとしては初めての新車オンライン販売に着手，四輪新車オンライン・ストア「Honda ON」を開設した。具体的には，スマホなどによるオンライン上で商談・見積もり・査定・契約を実現した。株式会社ホンダセールスオペレーションジャパン（2021年4月設立）がオンライン・ストアを運営し，納車・メンテナンスはディーラーが担うという仕組みを実現したのである。

　どの小売業態を主力顧客とするか（小売チャネル）の選択が重要である。たとえば，ビール業界において，キリンビールは，かつて酒専門店（酒屋）を営業基盤として強みを発揮し，強いリーダーシップとともに成長・発展した。一方，酒専門店（酒屋）を営業基盤として確立できなかったアサヒビールは，スーパーマーケット，コンビニエンス・ストア・チャネルを開拓した。その後，小売業態の栄枯盛衰はビール業界における競争の明暗にも影響した。すなわち，アサヒビールは，スーパーマーケット，コンビニエンス・ストア・チャネル業態の成長とともに，販売業績を伸ばし成長・発展することになったのである。

3. メーカーの流通チャネル戦略の代表的なケース──資生堂

　化粧品業界は，流通チャネルの段階でいうと，ゼロ段階のチャネルもあれば，2段階，3段階のチャネルもあるといったように，さまざまな段階の流通チャネルが複数に展開されており，流通チャネルの事例をみるのには最適な業界といえる（図1-4）。

3-1. 化粧品業界の流通チャネル── 一般品流通と制度品流通

　化粧品は，日本では戦前から「一般品流通」と呼ばれる問屋を通じた流通

図 1-4　化粧品の流通チャネル

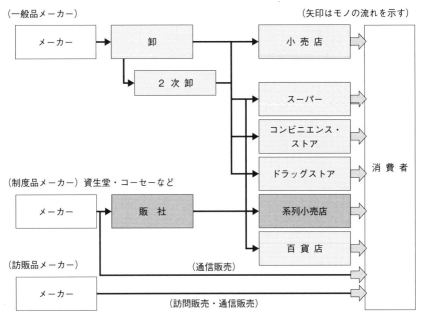

（出所）　鈴木・関根・矢作（1997）9 頁をもとに筆者作成。

チャネルが主流であったので，メーカーから卸へ，さらに小売店から消費者へ
と渡る 2 段階流通であった。さらにメーカーや地域によっては 2 次卸を入れた
3 段階流通もあった。しかし，メーカーはブランドや価格を管理できず，値引
き販売も多くなっていた。

　そこで資生堂などの企業は，自社系列の卸機能を「販社」という形で保有し，
メーカー，系列販社，小売という 2 段階での流通チャネル制度（「制度品流通」
という名前でも呼ばれている）を採用し，自社のブランドや製品戦略の徹底を
図った。このチャネル制度は，戦後における化粧品流通の大きな流れとなった。

　また，それ以外の流通チャネル形態として，メーカーが消費者に直接製品を
届ける直販チャネル，つまりゼロ段階の流通チャネルも存在する。たとえば，
メナード化粧品などの個別家庭への訪問販売や，再春館製薬などの通信販売な
どがそれに当たる。

化粧品は，従来の一般品としての取扱いであれば，基本的には開放的チャネルを採用し，広く商品が行き渡るようにするチャネル戦略が採用されるべきかもしれない。しかし，ブランド価格を維持する目的から，メーカーによる卸，小売の系列化が図られ，化粧品業界では，選択的チャネルが主流になったのである。

3-2. 資生堂のチャネル戦略

資生堂は，創業以来約100年，自社商品のブランド・イメージを重視しながら，女性客を重視するマーケティング戦略を展開してきた。

資生堂は，卸売機能として，資生堂の販社を置いた。つまり，地方の卸売業者と資本統合あるいは提携することによって，まるでメーカーの販売部門のようになった「販売会社」という特別な卸売業者を設立し，そこでは自社製品だけを流通させるようにした。

また，小売業については，組織化した化粧品小売店業態と百貨店業態を重視した戦略を採用した。資生堂は，個人経営の化粧品専門店を「資生堂チェインストア」として組織化し，商品の安定供給だけでなく，美容部員派遣による営業支援，統一的な販促企画やポスター媒体などの販促支援，さらに経営診断や経営支援などを行った。最盛期には全国2万5000店が加盟するという規模のチャネルであった。

資生堂は，さらに店舗が抱える顧客についても「花椿会」という名称の会員組織をつくり，その囲い込みを図ったのも特筆される。消費者まで「自社の系列化」するともとれるほどの顧客の囲い込み，固定化の戦略で，現在でいうところのCRM（customer relationship management：顧客関係管理）のような顧客管理制度が当時から導入されていたということである。これだけの流通チャネルの一貫した戦略的チャネル・マネジメントの仕組み構築は，他社にはないものと評価される。資生堂はこうした流通チャネルにより，1970年には業界トップシェアの48％を達成した。

その後は，コンビニエンス・ストアやドラッグストアなどの小売業態の台頭，小売業態の多様化に対応して，対象の消費者ごとにブランドを分け，チャネルも別にするなどして展開し，マーケティング戦略を強力に推進している。たと

【コラム】 チャネル・マネジメント

　チャネル・リーダーのもとで，チャネルが適切に運営されるために，「5つのパワー基盤」の考え方を，下記のようにチャネル運営にも適用してパワーによるマネジメントが実行される（Stern and El-Ansary, 1992）。

　⑴　報酬のパワー（rewards）

　チャネルとしての目標に達成した際に，メーカーがチャネル・メンバーに経済的な対価を与えることである。化粧品業界における系列の化粧品専門店チャネルの例でいえば，そのチャネルに対するメーカーのリベートや特定地域での排他的販売権などが報酬のパワーにあたる。

　⑵　制裁のパワー（coercion）

　チャネルとしての目標達成に寄与しなかった際の強制措置や，メーカーから小売店に対して適用された再販売価格の拘束，メーカーの政策非協力者への出荷制限などがあげられる。再販売価格とは，メーカーが自社商品を販売する小売業者に対し，自ら直接，あるいは卸売業者を通じて間接的に，その販売価格を指示し維持させるもので，かつては化粧品，石けん・洗剤，医薬品など多数の品目がその制度の対象として指定されていた（1997年には大半の指定が取り消され，書籍・雑誌，新聞や音楽用CDといった著作物のみが対象に）。

　⑶　正当性のパワー（legitimacy）

　チャネル・メンバーが，メーカー側の要望に応じる義務があると思わせるものである。書面などの公式な契約で規定する方法である。

　⑷　準拠・一体化のパワー（reference, identification）

　メーカーの商品を扱うことがチャネル・メンバーの誇りに思えるように動機づけすることで，メーカー創業者への畏敬によって，他のメーカーに乗り換えず，契約を続けるようにする。化粧品業界で製品の実需期をとらえて，全国一斉に宣伝販促を強化する「シーズン・プロモーション」は，新製品投入や販売強化だけでなく，系列加盟店の参加意識を高めるのに大きく貢献している。

　⑸　専門性のパワー（expertness）

　化粧品業界では，化粧品専門店などに対しメーカーから美容部員の派遣・巡回が行われ，店舗の営業を支援し，店舗の経営に関して経営情報処理の研修，支援などを行う。メーカーは専門的な経営知識で専門店経営者を圧倒している。

えば，主力ブランドを百貨店と系列小売店（資生堂チェインストア）で展開し，価格の安い「化粧惑星」というブランドはコンビニエンス・ストア業態で，また「資生堂フィティット」などを総合スーパー（イオンやイトーヨーカ堂のような量販店），ドラッグストア，スーパーマーケットのセルフ販売業態で展開するというように，業態ごとに違う特徴のあるブランドを当てはめるというチャネル展開を行っている。

3-3. 資生堂の流通チャネル戦略の特徴

資生堂における流通チャネル戦略の特徴は，前述の3つの分析視点で説明するならば，以下となる。①チャネルの長さ／段階は，卸売業と小売業の2段階チャネルである。②チャネルの幅は，1950〜70年代頃は，化粧品専門店＋百貨店の接客業態の「選択的チャネル」を採用した。その後，スーパーマーケット，コンビニエンス・ストア，ドラッグストアなどセルフ販売業態にもチャネルを拡大したが，各業態のなかで重点取組み先を峻別していて，企業レベルでの「選択的チャネル」とみることもできる。

また，③チャネルの結びつきは，卸：販社，小売：専門店（「資生堂チェインストア」）を系列化した「管理型チャネル」ととらえられる[2]。

3-4. 資生堂の流通チャネル戦略の歴史
——直面した課題とその克服

次に，資生堂の流通チャネル戦略の歴史をみていこう。

第1に，化粧品専門店や百貨店の接客業態で展開していたが，スーパーマーケットやコンビニエンス・ストアなどセルフ業態が台頭（1970〜80年代）したため，当時の既存の（系列化の）化粧品専門店をてこ入れ／業態革新を支援し（生活雑貨など取扱い提案など），専門店構成比30％を維持した。

第2に，ドラッグストアという価格業態の台頭（1990年代）には，店頭の大幅割引表示の抑制を要請し，一定の利益を確保した。

第3に，専門店・百貨店からスーパーマーケット，コンビニエンス・ストアまで各業態専門ブランドで対応したが，それは多ブランド化の課題となった（2000年代）。

図1-5　資生堂の流通チャネル戦略（全体像）

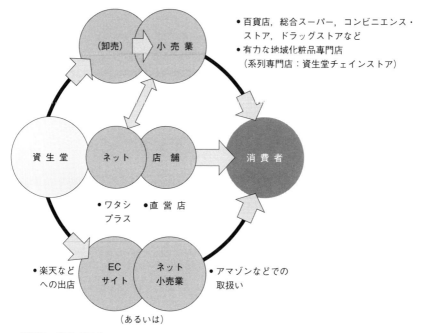

- 百貨店，総合スーパー，コンビニエンス・ストア，ドラッグストアなど
- 有力な地域化粧品専門店（系列専門店：資生堂チェインストア）

（出所）　宮副（2020）。

　第4に，インターネット小売業の台頭，通販専用ブランドの台頭（2000〜10年代）というさらなる課題を抱え，資生堂独自のネットサイト「ワタシプラス」をスタートした。そこでは，資生堂の特徴ある経営資源の1つである美容部員の専門知識・接客力を活かした美容情報の提供や，ビューティ・コンサルタントによるウェブ・カウンセリング，商品紹介を行うとともに，オンライン販売も行うネット・チャネルにも乗り出した。ただ，長年支援し育成してきた資生堂の経営資源であり強みでもある地域の化粧品専門店も重視し，その店舗紹介や送客もウェブサイトから行っている（図1-5）。

【コラム】 チャネル・コンフリクト

メーカーが同じ市場で２つ以上のチャネルを使って販売する場合には，チャネル間で利害が対立するコンフリクト（利害の対立・摩擦）が発生する場合がある。たとえば，化粧品業界では，従来，系列専門店と百貨店チャネルが主体であったが，価格訴求を武器とするドラッグストアや，店舗数を急速に伸ばしたコンビニエンス・ストアなどの業態への商品供給も行うようになってから，それら複数のチャネル間でイメージ重視か，販売量確保かというジレンマに陥った。

また最近では，メーカーがインターネットを活用した消費者への直販チャネルへ乗り出そうとする際に，その新チャネル進出に伴う調整も必要になってきている。たとえば食品メーカーでは，これまで幅広く卸売業者，小売業者などを活用して製品を販売して基盤を形成しているため，インターネットの直販チャネルでは既存のチャネルとバッティングしないジャンル商材（健康食品など）や直販専用のブランドを開発して対応している。

このように，メーカーが新しいチャネルを加えることによって，チャネル間のコンフリクトが発生し，その調整が必要になってくる。

チャネル・コンフリクトの解消に向けては，流通チャネル全体としての高い目標の設定とチャネル・メンバー間の共有が重要である。すなわち，より競争力のあるチャネルの出現，法規制，顧客の要望変化など，チャネルが外部の脅威にさらされたときに，チャネル・メンバーは追求する基本目標について，それが生き残りであれ，市場シェア，高品質，顧客満足であれ，ともに合意する行動がとられる。

また，チャネルへの顧客ニーズの原点に戻って検討し，チャネルに期待する機能を販売量（配荷量）ではなく，チャネルのもつ立地，拠点性を踏まえ，チャネルに期待する情報発信，顧客獲得などで見直すと，チャネルの両立が可能となる場合がある。

1　本書では，流通チャネルの代表例として，消費財市場を対象にみていくこととする。したがって，生産段階の担い手として，生産者というよりも製造業者，メーカーと呼んでいく。

2　現在は，グローバルなビジネス展開の要請から営業体制を再編し，かつてのような販社制度を改めたが，国内事業会社「資生堂ジャパン」（メーカー）が販社機能を有するととらえ，上記のような認識とした。

第2章

小売と卸の価値創造機能

この章で学ぶこと／考えること

- 流通チャネルにおける商業者（卸売業・小売業）の役割・存在意義について，どちらもメーカーあるいは消費者にとって，どのような機能を発揮するのか，存在意義が明確でなければならない。明確でないとメーカーからも消費者からも選ばれないということである。

- 商業者の価値創造機能として，消費者のニーズを満たしたり，生活課題を解決するように，川上の取引先より商品を仕入れ，それを編集し揃えていく「マーチャンダイジング」活動が重要である。卸売業から小売業へと，その編集活動の積み重ねが消費者の求めることへ近づく努力であり，価値の創造ともいえる。

- マーチャンダイジングは，小売業においては，体系化（企業としての品揃えを形成すること）と最適化（市場環境に合わせ調整し続けること）ととらえられるが，体系化は売場品揃えからさらに店舗の組織編成につながり，最適化は営業の PDCA（計画・実行・管理・再実行）であることから，小売業の経営（マネジメント）そのものということができる。

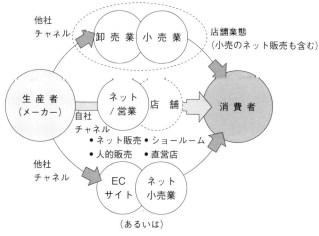

図2-1　メーカーから消費者への流通チャネルにおいて卸売業・
　　　　小売業を経由する意味は何か

（出所）　筆者作成。

1. 流通チャネルにおける卸・小売の価値創造機能

　メーカーから消費者への流通チャネルが，さまざまに存在するなかで，卸売業・小売業を経由する意味はどのように考えられるだろうか（図2-1）。

　流通チャネルにおける卸売業・小売業の機能・存在意義は，次の4項目で整理できる。

1-1. 商品取引の機会を効率的に創造する機能

売買集中の原理

　商業者の機能を，生産者の立場から考えてみよう（図2-2左）。生産者はモノを5人の消費者に売りたいなら，その5人の消費者と交渉し，販売しなければならない。交渉しても買ってくれないこともあるかもしれない。しかし，商業者がいる場合，その商業者1人に5つのモノを売れば，5つのモノを消費者に売り渡すことが可能になる。

図2-2　商業者による売買の集中

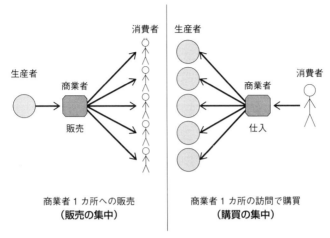

商業者1カ所への販売
（販売の集中）

商業者1カ所の訪問で購買
（購買の集中）

（出所）　石原・竹村・細井編著（2008）194頁をもとに筆者作成。

　生産者は一度の取引で多数のメーカーの商品が商業者の手元に集中することにより，需給のマッチングが起こりやすく商品の販売リスクが低減する。つまり，消費者・生産者ともに，取引回数を効率化させ，それぞれの目的を達成できるということになる。

　また消費者の立場ではどうだろうか（図2-2右）。もし消費者と生産者の間に商業者がいなければ，消費者は生活に必要な商品を買うのに，1人ひとりの生産者に接触して直接取引しなければならなくなる。しかし，複数の生産者からモノを仕入れた商業者がいれば，消費者はその商業者1カ所を訪問し，購入すればいいということになる。

　このように，生産と消費をつなぐ，両者の中間に商業者がいることで，消費者にとっては購買代理（購買の集中）の機能があり，生産者にとっては販売代理（販売の集中）の機能が発揮される。このことを「売買集中の原理」という。

商業者の社会性

　商業者は誰からでも買い，誰にでも売るという，特定の生産者や消費者からは独立して機能する存在である。このような商業者の特徴を「商業者の社会

性」という。また商業者はできる限り多くのメーカーから商品を集めて，できる限り多くの消費者にその商品を販売しようとする。このことを「取引の社会性」あるいは「社会的品揃え」と呼ぶ。

　商業者がこのような社会的性格をもつとき，商業者が売れると思った商品は，商業者の手元に集められる。このように，商業者が必要な商品を自らの手元に揃えることを「品揃えの形成」という。商業者が商品を仕入れ，品揃えをする際には，より多くの消費者を引き寄せることができるように，選び抜いた商品を手元に揃えることになる。どのように品揃え形成を行うかは，消費者に選ばれ支持されるうえでも，他の商業者との競争に勝つうえでも，商業者にとって重要なテーマとなる。

規模の経済性

　さらに，商業者が生産と消費をつなぐことによって，取扱い規模が拡大し，所有権の移転，リスク負担，輸送，在庫，情報伝達など流通機能の遂行に伴う規模が拡大し，「規模の経済性」（単位当たりの費用の逓減）を得ることが可能になる。

1-2. 生産者にとっての機能（卸売），消費者にとっての機能（小売）

商業者間の機能分担

　商業者は，「売買の集中」機能でみたように，生産者に対して果たす機能と消費者に対して果たす機能の両面をもっている。そして，各々の機能にはかなりの違いがある。たとえば，生産者に対しては金融機能や危険負担機能を果たす一方，消費者に対しては，消費者のニーズに適した品揃えを行うのである。

生産者に対して商業がもつ金融機能と危険負担機能

　一般的に消費者は，当面必要な量だけを購入する。たとえば米の場合だと，消費者が購入する量は1カ月分程度と思われる。もし生産者が，消費者に販売しようとするなら，ある年の10月に収穫した（生産した）米を，1カ月分ずつ販売しその代金を得ることになって，代金を回収するのに，1年もかかってしまう。これでは，生産者は次の生産のための設備や原材料の仕入れを行ったり，

従業員の給与の支払いに回すための資金が得られず，その間生産がストップしてしまう恐れがある。

そこで生産者と消費者の間に商業者が介在して，消費者が購入するよりも前に，生産者がつくるとすぐに商業者が購入し，代金を支払うとすれば，生産者は休むことなく設備や原材料を手配し，従業員を雇用し続けることができ，生産活動も継続できる。

この機能は，生産者と消費者が直接結びつき取引する場合ではありえない，商業の機能といえる。商業が生産を促進している機能であり，一般に金融機能と呼ばれている。

また，生産された製品が売れないために損をすることを市場危険（リスク）というが，分業の社会において見込み生産が行われる場合には，絶えずこのリスクが発生する。商業者が消費者よりも前に生産者から製品を購入すると，このような市場危険を商業者が代わりに負担してくれることになり，生産者は市場危険から解放され，それだけ生産に取り組みやすくなる。商業者のこの機能のことを，危険負担機能という。

消費者に対して商業がもつ品揃え編集機能

消費者が製品を購入するときは，品揃えが重視される。たとえば大学で使うノートを買うときには，自分が必要な冊数が手に入り，サイズや紙質，カバーの色や素材も多数あるなかから選択して購入したいものである。また，ノートだけでなくファイルや，ボールペンも一度に買えたら，製品ごとに別の場所で入手することなく便利である。商業者は，消費者が求める品物を最適に品揃えし提供する機能をもって，消費者を支援している。

そこで，消費者のなかで生産者向けの活動を担当するものと，消費者向けの活動を担当するものというように，役割分担をしたほうがスムーズにいくことが多い。

1-3. 「生産の計画性」と「消費の無計画性」（需要の不確実性）の調整

生産者は，工場設備の稼働，原材料の調達，従業員の手配などを計画的に行い，生産計画のとおりに製造し出荷する。まさに生産は計画的に行われる。一

方で，消費者は，その生活の仕方や嗜好に応じて必要なときに，必要な量の製品を購入する。まさに消費は無計画に行われる。

こうした「生産の計画性」と「消費の無計画性」をつなぎ調整するのが，商業者の役割である。卸売業者は生産者から大口の単位で製品を購入し，その購入したさまざまな生産者の製品を取り混ぜるとともに，取引単位を小さくして小売業者に売っていく。そのような取引を多数・頻繁に行うことで，流通チャネル全体で取引の継続性が確保されることになる。そのため，卸売業の段階でも，小売業の段階でも一定の製品在庫が保有され，それぞれの顧客からの不安定な注文に対応できることになる。

このような商業による流通チャネルの形成によって，川上（かわかみ）の計画的な取引を，川下（かわしも）の計画性のない取引に結びつけることが可能になるのである。

1-4. 編集・選択の段階を経ることによる消費者にとっての効用

メーカーはさまざまな材料から製品を製造する。そのようなモノをつくるさまざまな分野のメーカーが集まっても，消費者が生活するために必要なモノの集合（消費者のアソートメント）には，不十分である。さまざまなメーカーの製品が卸売業者に集められ，その品揃え（卸売業者のアソートメント）が必要となる。さらにそのような品揃えをもつ卸売業者の複数から小売業者がモノを仕入れて，小売業の品揃え（小売業者のアソートメント）として実現することによって，消費者が期待する生活場面でのアソートメントにぐっと近づくことができる。このような考え方がオルダーソンという学者の「品揃えの形成」（Alderson, 1957）という理論である（図2-3）。

オルダーソン「品揃えの形成」の考え方を，生産者，卸売業者，小売業者の順でみていくと，次のように整理される（田島・原田，1997）。

生産者のアソートメント

生産者は製品の出荷にあたり，多様な財から同質の財の集合として選別する必要がある。これが「仕分け」（sorting-out：ソーティング・アウト）である。さらに品質や大きさによって分けるが，これを「格付け」（grading：グレイディング）という。「仕分け」そのものは財の分類であるが，生産者においてその作

図2-3　オルダーソンの「品揃えの形成」理論

- 集塊物を消費者にとって意味のあるアソートメントにする
  マッチングにおいて、「品揃えの形成」(sorting) が重要である

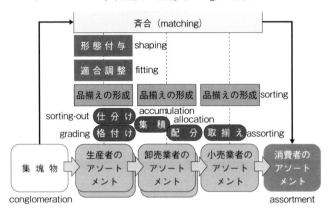

（出所）　Alderson（1957）pp. 195-227 をもとに筆者作成。

業が繰り返されることによって，製品は種類，格ごとにまとめられ，「生産者のアソートメント」ができあがる。

卸売業者のアソートメント

　次に，生産者から出荷された製品は，卸売業者によって購入される。卸売業者の手元では，複数の生産者のアソートメントを集めたものが集積（accumulation）されることになる。卸売業者は生産者のアソートメントの集積を，多くの小売業に販売するため，さらに小分けにする。小分けされて「卸売業者のアソートメント」が形成され，さらに，それぞれに小売業者に配送される。これを「配分」（allocation）という。

小売業者のアソートメント

　そして小売業者の段階では，小売業者は複数の卸売業者から財を購入する。この活動が「取揃え」（assorting：アソーティング）である。これは「配分」と対になるものである。「取揃え」によって消費者が求めるアソートメントに近づくということになる。

このように，オルダーソンの「品揃えの形成」理論では，価値は単に個々の生産物から生じるものではなく，使用される品揃え（アソートメント）から生じるものである。消費者の手元のアソートメントがどれだけ豊かになるかは，どれだり多様な生産が行われるかではなく，どれだけ広く，財を集めることができるかにかかっている。まさに，アソートメントという，編集・選択の段階を複数に経ることが消費者にとっての効用をもたらすわけであり，卸売業者・小売業者の，価値創造の意味と存在意義がそこにあると考えられる。

2. メーカーから卸売業者・小売業者までのアソートメントの連鎖

オルダーソンの「品揃えの形成」理論に沿って考えれば，メーカーから卸売業者・小売業者までの各段階のアソートメントをつくるといった企業努力と，それらが連鎖し積み重ねられることによって，消費者ニーズ（消費者の生活場面で使うものが編集された状態：アソートメント）により近づくことができるという解釈ができる。

2-1. 卸のアソートメント──マーチャンダイジング

卸の品揃えは，メーカーの品揃え単位を受け入れるとともに，小売向けに品揃えを編集する。品揃えの基準（分類）の例としては，メーカー別，製品カテゴリー別，品質別（上質，標準など），産地別，出荷サイズ別，顧客（出荷先）別などが考えられる。

卸売業者が，小売業の店舗，売場，棚の商品編集を計画し，小売業に提案していく場合には，卸売業者が小売業の店舗で展開されるマーチャンダイジング（以下，MD という）を担当することになる。これが「リテール・サポート」と呼ばれる機能である。

たとえば，化粧品卸の「井田両国堂」は，化粧品メーカー系列以外の化粧品専門店を対象に，化粧品と化粧雑貨などの MD を提案しているが，自らもその MD 構成の小売店を駅ビルなどに展開し，実績を確認することでリテール・サポートの精度を高めている。

一方で，小売業が自主的に MD を行う場合は，卸売業者は直接的な MD 機

能を発揮せず，商品をメーカーから仕入れて在庫として保管し，小売業の注文に応じて商品を倉庫からピッキングし，適宜に配送する機能を果たすということになる。そこでの卸売業者は，商品保管や小売からの要請に応じた品出しや物流で機能を発揮することになる（卸売業者の物流業者化）。

2-2. 小売業の品揃え──マーチャンダイジング

　小売業の店舗での品揃えは，MD と呼ばれる。たとえば，総合スーパー（GMS）の衣料品売場での商品編集の例をみると，アイテム分類別（シャツ，ポロシャツ，ニット，ボトムスなど），ブランド別，価格帯別（定価，値下げ品など），サイズ別などの切り口で区分され，顧客に選ばれやすく編集されている。

　また食品スーパーマーケット（SM）では，MD の実現単位は売場よりもさらに小さい「棚」の単位であることが多い。そのため品揃え＝MD を検討することを「棚割」と呼ぶことが多い。

　そこでは，消費者（顧客）のニーズに合わせ，または自社の商品政策を主張するような，あるいは競合する店舗に対抗するような特徴を出すためにも，小売業としてのアソートメント＝MD が展開されているのである。

　さらに，すでにみてきたような「消費者のアソートメント」のための「小売業のアソートメント（MD）」は，複数の生産者（メーカー）あるいは卸売業者のアソートメントを横断的に集め，それらを編集する場面で，能力がいっそう発揮される。たとえば，文房具，化粧品，台所用品など「消費者のアソートメント」が複数のメーカー業界から成り立つ場合である。そこでこそ小売業者の消費者志向での品揃え＝アソートメント（MD）の努力によって，消費者への購入利便という価値が実現されているといってよく，小売業の価値創造機能が発揮され，流通チャネルにおける存在意義があるといえるのである。

カテゴリーという発想
　「消費者のアソートメント」は消費者ニーズの変化，さらには時代を経ることで変化するライフスタイルに沿って新しく生まれてくるものも多い。小売業は常に消費者志向でその動きを察知し，時には先回りして「消費者のアソートメント」を充実させていかなければならない。小売業の実務として，「カテゴ

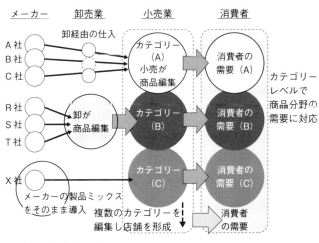

図2-4 品揃え形成から売場を編成し，さらに店舗を形成する

（出所）宮副（2010）。

リー」の新規創造やそれを構成する品揃え内容の常時継続的な見直しが重要である。カテゴリーは具体的な店舗でみえる形として考えれば，「売場」の単位ととらえてもよいだろう。

商業者（卸売業および小売業）は，複数メーカーの製品ミックスから製品を選択し，製品をそれぞれから仕入れ，編集をして，消費者が接する小売業の売場で展開する基本単位としてのカテゴリーを形成する（図2-4）。それが「商品の編集」（品揃え）ということになる。

カテゴリーの形成にはいくつかのパターンが考えられる。代表的な例としては，まず，小売業が消費者の需要に対応するために，複数のメーカー（図2-4の例ではメーカーA社，B社，C社）から商品を仕入れ，カテゴリー（A）という売場を形成する。これらの商品はそれぞれ複数のメーカーに対応した卸売業者から小売業のバイヤー（商品仕入担当）が買い付けるということになる。

第2に，そのような複数メーカーの製品を，小売業者でなく卸売業者が，消費者の需要を考えてメーカーR社，S社，T社から仕入れて編集し，カテゴリーを形成するパターンである。小売業は，卸売業者が形成した品揃え構成をそのまま，商品仕入れし小売業の売場に当てはめ，カテゴリー（B）とする

（小売業は卸売業者の売場提案を受け入れるということにもなる）。

　第3に，小売業がメーカーからその製品ミックスのまま仕入れて，カテゴリーとする場合である。図2-4の例では，メーカーX社のブランドの製品ミックスを小売業が導入してカテゴリー（C）とすることになる（小売業がメーカーから直接仕入れるのではなく，そのメーカーを取り扱う卸売業者を経由する場合もある）。有名ブランドのファッション衣料など，メーカーの製品ミックスのまま，1つの売場として展開したほうがよいと判断される場合には，1つのメーカー，あるいはブランドで売場を形成することもある。消費者には店舗内に専門店があるようにみえるので，「インショップ」と呼ばれる。

　カテゴリーの形成については，具体的にスポーツ用品小売業を例として考えてみよう。ゴルフギア（ゴルフクラブなど）については，ゴルフのベテランの顧客向けに専門度の高いメーカーから，また初心者向けにはそれに適したメーカーからバイヤーが仕入れて売場をつくる場合は，カテゴリー（A）ということになる。ゴルフ用品の小物や雑貨については，品目が細かく多数なので，バイヤーが商品を探し仕入れるのは手間がかかると判断されるときは卸売業者にその商品編集や仕入を任せ，卸売業者の提案する売場の商品構成をそのまま受け入れる。これがカテゴリー（B）のパターンである。人気のゴルフ・ブランドをブランドごと売場に導入する場合は，カテゴリー（C）ということになる。

小売業の「価値創造」とは

　マーケティングは，「顧客にとって価値をもつ提供物（顧客価値）を創造し，それを伝達・提供する活動・プロセス（仕組み）」と定義される。その観点からすると，小売業が創造する価値とは何かという答えは，消費者へ向けた商品の編集＝MDということになるのではないだろうか（図2-5）。

　このように，メーカーのアソートメント（製品ミックス）から始まり，卸売業のアソートメント（MD），そして小売業のアソートメント（MD）まで，流通チャネルの段階を経ながら，最終消費者の求めるアソートメント（消費者ニーズを満たす，あるいは生活課題を解決する編集）に近づくことが行われている。そのような編集の連鎖と積み重ねが重要であり，それが卸売業者・小売業者による価値の創造といえよう。

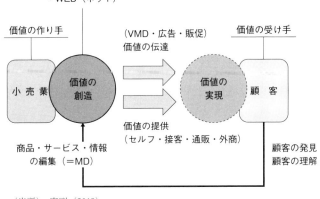

図2-5　小売業の「価値の創造」:「編集」(MD)

(出所)　宮副 (2013)。

3. マーチャンダイジング (MD)

3-1. MD の定義

　改めて，ここで，マーチャンダイジング (MD) の定義を整理して確認しておきたい。MD の定義は，田島 (1988) によると，「流通業がその目標を達成するために，マーケティング戦略に沿って，商品，サービス，およびその組み合わせを，最終消費者のニーズに最も適合し，かつ消費者価値を増大するような方法で提供するための，計画・実行・管理のこと」とされている。また「その主体は，商業者の活動であり，製造業によって生産された『製品』を，品揃え (サービスを含む)，陳列，演出，販売促進，値付け等の活動を通じて『商品』に育てるのが MD である」とも定義されている。

　さらに MD の具体的な活動については，「マーチャンダイジングはそれ自体の中に，高度に戦略的な意思決定から，より具体的な戦術的決定，そして多くの日常的業務 (オペレーション) まで含んでいる。したがって適切なマーチャンダイジングのためには，トップによる戦略決定が適切であることはもちろん，

ミドルによる適切な戦術決定，および，第一線における日常業務の適切な遂行と管理が不可欠」であり，階層による MD の捉え方を区分し，それぞれのレベルでの MD 運営があることが示されている。

　実際の小売業でも，店舗全体の管理の立場から，店舗レベルで売場の編集や構成を調整する場合と，売場管理の立場から売場レベルで商品の編集や構成を調整する場合の 2 階層の MD があるということができる。

　そこで本書では，MD とは，消費者との接点の場において，①需要に対するカテゴリーの形成（基本単位の生成），②そのカテゴリーの組合せ編集による店舗の形成（売場編集の体系化）という組織マネジメントの側面をもつととらえる。さらに，市場の変化に対して，③その品揃えが最適になるよう，商品の仕入・販売・管理に関わる業務の計画・実行・管理・改善，すなわち PDCA（plan-do-check-action）を行い，④店舗レベルでも品揃えと同様に，売場の拡大，縮小，改廃などを行い，市場への最適化を図る活動が MD ととらえたい。すなわち，MD とは，一言でいうならば，需要へ対応するカテゴリーの形成とその編集という体系化，さらにそれを実現するための PDCA といった最適化の活動と定義できる。

　また MD の実行主体として，カテゴリー単位での売場責任者と，複数のカ

図 2-6 小売業の MD の定義

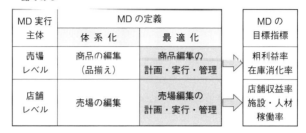

- 小売業の MD とは，市場対応を図りながら高収益を達成するために，売場と店舗のレベルで，編集の体系化とその最適化を図っていく活動である

MD 実行	MD の定義		MD の
主体	体 系 化	最 適 化	目標指標
売場 レベル	商品の編集 （品揃え）	商品編集の 計画・実行・管理	粗利益率 在庫消化率
店舗 レベル	売場の編集	売場編集の 計画・実行・管理	店舗収益率 施設・人材 稼働率

（出所） 宮副（2008）をもとに加筆修正。

テゴリーで編成された規模の大きい店舗の場合は店舗責任者（店長）との 2 つのレベルが考えられる。すなわち，売場責任者が「売場レベルで体系化と最適化を行う MD」と，店舗責任者が「店舗レベルで売場の編集を行い体系化と最適化を行う MD」という 2 つのレベルの MD があるとみることができる（宮副，2008）（図 2-6）。

3-2. 売場レベルの MD の運営

カテゴリーの形成——売場レベルでの MD の体系化

　小売業は，消費者の需要・ニーズに対応する商品群を「カテゴリー」として編集し，基本的な集積単位として売場を形成する。

　売場の対象顧客のニーズに合致する商品を仕入れ，品揃えし販売する。その品揃えは，一般には小売業が複数のメーカーから商品を選択し調達し，メーカーの製品ミックスを超えた形で売場という場において，一定の数量で編集され，陳列され，販売される。具体的に，売場では，商品の価格帯，サイズ，色などについて，ターゲット顧客に合わせた販売数量を決定し，品揃えの体系化を行う。そこでは，価格（より高い価格帯の「ベター」か，標準的な「ボリューム」か），サイズ（S/M/L/LL など），色など顧客にわかりやすい分類・区分（アメリカ小売業では「クラシフィケーション」と呼ばれる編集の切り口）で商品が編集される。

図 2-7　MD フロー：マーチャンダイジングの計画・実行・管理

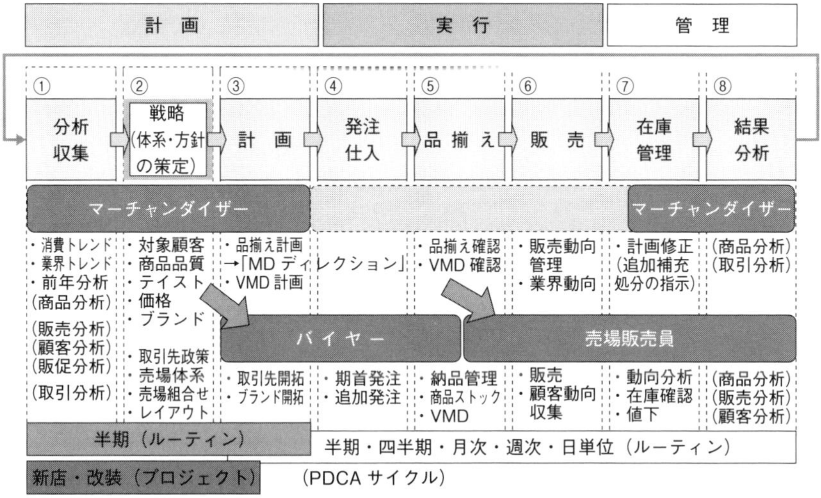

計　画	実　行	管　理

① 分析収集	② 戦略（体系・方針の策定）	③ 計画	④ 発注仕入	⑤ 品揃え	⑥ 販売	⑦ 在庫管理	⑧ 結果分析

マーチャンダイザー　　　　　　　　　　　　　　　　　マーチャンダイザー

| ・消費トレンド・業界トレンド・前年分析（商品分析）（販売分析）（顧客分析）（販促分析）（取引分析） | ・対象顧客・商品品質・テイスト・価格・ブランド ／ ・取引先政策・売場体系・売場組合せ・レイアウト | ・品揃え計画→「MD ディレクション」・VMD 計画 | | ・品揃え確認・VMD 確認 | ・販売動向管理・業界動向 | ・計画修正（追加補充）処分の指示 | （商品分析）（取引分析） |

バイヤー　　　　　　　　　　　売場販売員

| | | ・取引先開拓・ブランド開拓 | ・期首発注・追加発注 | ・納品管理・商品ストック・VMD | ・販売・顧客動向収集 | ・動向分析・在庫確認・値下 | （商品分析）（販売分析）（顧客分析） |

半期（ルーティン）	半期・四半期・月次・週次・日単位（ルーティン）

新店・改装（プロジェクト）　　　（PDCA サイクル）

（注）　店内催事以外の売場プロパーでの MD を想定。
（出所）　筆者作成。

また，物理的にも実際の店舗売場における平面レイアウト（売場の商品陳列・什器の配置，顧客導線など）を，顧客にとってわかりやすく買いやすいように考えて展開する。

売場レベルでの MD の最適化──品揃えの計画，管理

　小売業の商品計画から発注・仕入，売場での品揃え，販売，管理までの具体的な業務フローは，「MD フロー」と呼ばれ（図2-7），小売業における重要なPDCA と位置づけられる。

　本社の商品部において戦略立案から商品計画，仕入，品揃え，販売，在庫管理までの業務フローに沿って業務を遂行し，競合や顧客ニーズといった市場変化や天候与件などを踏まえて，最適な商品構成，売場展開を常時修正していく。

3-3.　店舗レベルの MD 運営

　次に，店舗レベルでの MD を考えていこう。ここでも「体系化」と「最適

化」の概念が当てはまる。

店舗レベルでのMDの体系化──店舗レベルにおけるカテゴリーの編集

　複数のカテゴリー（売場）を組み合わせ，編集して店舗を構成する場合は，その組合せ，編集によって，消費者のニーズに最適に対応できるかが問われる。そこでは店舗レベルでのMDの体系化手法が重要になる。

　複数のカテゴリーからなる百貨店の店舗を例としてみていこう。図2-8のように，基本単位のカテゴリーにあたる「デパートメント」（小分類）があり，それらを編集し「ゾーン」（中分類），さらに「ディビジョン」（大分類）とツリー構造で構成されていることがわかる。

　この店舗例の場合，婦人服というディビジョンのもとに，対象別・用途別・関心度別などの分類でゾーンがあり，「ブランド・ショップ」「セーター，ブラウス」「フォーマル」などのデパートメントが構成されている。

　「セーター，ブラウス」の売場は，サイズやカラーなどの分類基準で商品を編集し品揃えする「編集平場」や，ブランドの「インショップ」で成り立っている。インショップは，その形状から「平場」に対して「箱」の売場ともいわれる。

店舗レベルのMD──売場編集と配置

(1)　フロア平面ゾーニング

　顧客の購買意識・行動に沿ってわかりやすく買いやすい位置に売場を配置する。一般には，顧客セグメント層別に関連する売場を配置する。たとえばミセス層向けファッション・ブランドと服飾雑貨を集めてゾーンを形成するなど。

(2)　フロア縦ゾーニング

　顧客の店舗へのアクセスや店内のエスカレーターを利用した縦の移動も考慮して売場を配置する。多くの百貨店では，1階は集客力の高い化粧品や季節性を打ち出しやすい服飾雑貨（スカーフ，マフラー，小物など）が配置され，婦人服，紳士服などファッション商品が顧客セグメントごとに編集され，フロアを構成して配置される。一般的には，上層階には，幅広い顧客が利用する催事場やレストラン街が配置されることが多い。

図 2-8　店舗レベルの MD：売場編集の体系化──売場を積み上げて店舗を形成する

● 消費者の意識・目的に沿ったわかりやすい区分で売場を編集

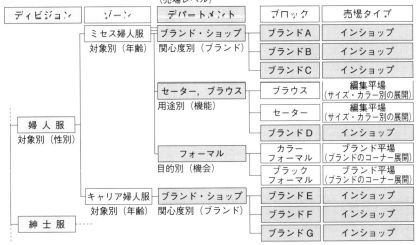

（出所）　宮副（2010）86 頁をもとに加筆修正。

Case-1　伊勢丹の MD

　伊勢丹では，「MD 分類」と社内で呼んでいるさまざまな切り口を基準に売場づくりを行っている。MD を編集する切り口として，たとえば，対象別（性別・年齢別など），用途別（スーツ，ブラウス，セーターなどの機能別や冠婚葬祭などの目的別），関心度別（サイズやブランド・テイストなど）など一定の分類が設定されており，その分類基準で商品やブランドを集めて，1 つの売場が形成されている。

　(1)　伊勢丹立川店婦人服フロアの MD

　一定の分類切り口で複数の売場が集められ，1 つのゾーンとして売場の連なりを考慮して売場の位置関係が決められ，店舗の空間が構成されている（図 2-9）。たとえば，年齢の高い層向けゾーン：「チャーミングテラス」，特選ブランド・ゾーン：「オーキッドプラザ」，現代的感覚テイストのブランド・ゾーン：「コンテンポラリーガーデン」などの展開が特徴的である。

　これによって来店した顧客が，自分の嗜好・意向に沿って売場を探し，目的の売場にたどりつきやすくしたり，関連する商品の買回りを促進したりする効果を狙っている。

図 2-9　伊勢丹立川店 4 階：婦人服フロアのレイアウト

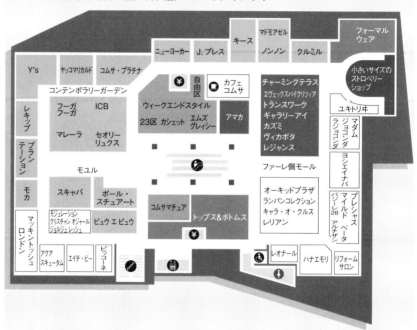

（出所）　伊勢丹ウェブサイト（https://www.mistore.jp/store/tachikawa/shops/floor4.html　2022年 7 月 28 日入手）。

(2)　MD に関する社員教育——知識共有と統合管理

　伊勢丹の社員は「MD ノート」という紙を携帯し，MD 分類基準の知識を常にもち，MD 業務に発揮するように教育されている。

　MD 分類はどの商品分野でもこの基準で行われ（商品分野により実際の価格帯に差異があるが，考え方は共通），品揃え計画と販売状況の PDCA もこの MD 分類の基準で進められるので，社員間の共通認識であり共通言語となっており，MD 業務がスムーズに進展するようだ。MD 分類の考え方は，MD の細分化（マーケティング）に有効であり，MD 業務の統合（マネジメント）にも有効なものになっている（宮副，2006）。

52　第 1 部　流通の基本をとらえる

図2-10　店舗レベルの MD：売場編集の最適化（売場の拡大・縮小，導入・廃止）

- 顧客ニーズや競合の状況に応じて売場の面積や位置を定期的に見直す

①話題の専門店，海外ブランドの導入
②好調カテゴリーの拡大，低調カテゴリーの縮小（廃止）

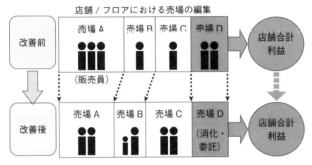

（出所）　筆者作成。

店舗レベルでの MD の最適化――売場の拡大・縮小，導入・改廃

　売場の編集について，顧客のニーズや競合状況に応じて定期的に見直していくことが求められる。最適な売場の編集とするため，取引先や専門店ショップの開拓・連動を前提とした売場の拡大・縮小や，新規導入や改廃を行っていくこと，すなわち最適化を図っていくことが重要になる（図2-10）。

　具体的には取引先開発による新たなブランドの導入，外部専門店，テナントの導入という業務がそれにあたる。それをスムーズに行うには，中長期視点で消費トレンドをとらえたブランドなど取引先のリサーチや，関係先との交渉を継続して行うことが求められる。

　このように小売業店舗における MD は，売場単位を組み合わせて店舗営業組織を形成するとともに，その組合せによってその市場：地域の消費者ニーズに継続対応していくというダイナミックな企業行動であることが認識される。MD はまさに小売業の経営（マネジメント）の根幹であり，構造として体系化し，状況に対して臨機応変に変化させて最適化を図っていくことが，店舗を運営する「楽しみ」として実感できる活動でもある。

　またそのような変化対応力，さらに長期的な視点での自己変革の組織能力ともいえるノウハウが蓄積されていくのである。

【コラム】 組織能力（Organizational Capability）

　組織能力とは，組織（企業）に形成された資源の組合せと活用のパターン（ルーチンの束）と考えられる。具体的には以下の3点にまとめられる。

- 組織（企業）がある活動を，他の企業よりも上手に，かつ継続的にこなす力のこと（地道に構築された場合が多い）。
- 企業がもつ独特の経営資源や知識の蓄積・活動パターン・ものの考え方，ルール・仕組み，ノウハウなど。
- 競合他社が模倣しにくく，結果として，当該企業の競争力・生存能力を高めるもの。

第3章

小売業態の展開

この章で学ぶこと／考えること

- 小売業には，どのような種類があり，それぞれ①メーカーにとってどのような役割・意義をもつのか，②消費者にとってどのような価値を発揮するのかという観点からみていく。

- 小売業の店舗タイプ分類は，セルフサービス販売か接客販売かといった販売形態での区分が一般的に長く用いられてきた。しかしながら，従来，接客販売業態とされた百貨店店舗でもセルフサービスを取り入れたり，セルフサービス販売の家電量販店が接客人員を増やしたりと，その区分は難しくなってきている。

- そこで，本章では，小売業は消費者にどのような価値を提供・実現しているかという観点から，4つの価値に区分し定義する。これにより実際の展開を説明しやすくなり，小売店舗の収益モデルについて，商品仕入販売の物販収益モデルだけでなく，販促収益・テナント家賃収益・紹介手数料収益・会員費運用収益など多様なモデルが認識され，新しい小売店舗のあり方も明らかにみえてくる[1]。

1. 業態の定義

　消費者に商品を販売する活動を継続的に営むのが，小売業である。小売業は消費者に接する流通の先端にあって，商品を生産者や卸売業から仕入れ，消費者に販売するという役目を担っている。

1-1. 業種と業態

　小売業の分類として，一般的には，大きく分けて「業種」と「業態」という2つの視点がある。

　「業種」とは，酒販店，薬店，書店といったように取扱商品や品揃え分野を特定分野に絞り込み，「何を売るか」で分類するものである。「業態」とは，「どのような販売形態で売るか」で区別するものである。たとえば，特定の商品分野について品揃えし，顧客に丁寧に接客する販売形態をとる業態は専門店である。取扱商品の分野が幅広く，しかも接客中心の販売形態をとる業態は百貨店であり，販売形態がセルフサービスで人手をかけず，その経費分を商品の価格を安くして販売するのがスーパーなどの業態という分類である。

　また店舗を主体とする業態だけでなく，カタログやテレビ，さらに最近ではインターネットのウェブサイトで商品を紹介して受注申込を受ける通信販売，営業担当者が顧客の自宅を訪問して販売する訪問販売なども，業態の分類としてあげられる。以下で，販売形態についてより詳しくみていこう。

1-2. 販売形態

接客販売（フルサービス）

　消費者は，商品を購入するにあたって，買いたい商品についての情報収集（探索）から，商品を比較し，選択するといったプロセスを経て購買するが，店舗の販売員が，前述のプロセスのどの段階でも顧客を補助する態勢にある場合を接客販売（フルサービス）と呼ぶ。

　この販売形態は，一般に商品説明やアドバイスが必要な専門品や買回品の比率が高く，比較的高単価な商品の品揃えになる一方，接客に関わる販売員の専

門性や人数からして人件費が高くなる。つまり，このような販売形態をとる業態は，高収益・高コストのビジネスモデルといえる（コストが高くてもそれを上回る付加価値が認められることにより高い収益を上げることができ，その収益で賄う業態である）。

セルフサービス販売

セルフサービス販売は，消費者が売場の商品から自分のニーズに合う商品を選び，所定のレジに商品を運んで，そこで支払いをするという販売形態である。すなわち，購買プロセスの最終段階である支払いだけに従業員が対応するもので，食料品や日用品など商品について詳しい情報提供を必要としない最寄品を扱う小売業で多く採用される。その場合，企業側としては対面接客販売に比べ多くの従業員を配置せずともよく，商品説明の専門性も不要なので，人件費を低く抑えることができる。スーパーマーケットやディスカウント・ストアなどの価格対応業態は，ほとんどの場合，運営コストを抑えるためにセルフサービス販売を採用している。

ちなみに，経済産業省「商業統計」における業態の定義は，店舗において，セルフサービス方式を採用するかしないかが基準になっている。

通信販売（カタログ，テレビ，インターネットなど）

通信販売は，「ダイレクト・マーケティング」とも呼ばれ，はがきなどのダイレクト・メールやカタログ販売から発展したものである。テレビ通販やインターネットによるオンライン・ショッピングも新しい媒体を活用した通信販売である。商圏が限定される店舗販売とは異なり，インターネットや携帯電話などの通信手段を使って「いつでも」「どこからでも」注文できるといった特徴と，広域の消費者を対象とするという特性をもつ。

店舗販売を主体とする小売業の販売額が伸び悩む一方で，通信販売は，とくにインターネット通販を中心に順調に売上を伸ばしている。

訪問販売（外商あるいは直接販売）

営業担当者が，消費者の自宅を直接訪問して販売する形態で，化粧品や学習

教材，調理器具など，詳しい説明を要する専門品などの販売形態として採用されている。また百貨店では，売場の営業とは別に，顧客の家庭や勤務先を訪問して商品を販売する「外商」という営業組織をもち，活動している。

自動販売機

自動販売機は，タバコ，清涼飲料のような商品で利用されている。自動販売機は，工場，オフィス，大型小売店，ガソリンスタンド，ホテル，レストランなどさまざまな場所に設置され，セルフサービスで常に商品を24時間販売するものでコストをかけずに販売できるメリットがある。

業態展開の全体像

図3-1は，どのような商品分野のニーズに，どのような販売形態で対応するかによって示される業態の展開（日本の小売業の場合）を明らかにしている。

それぞれの商品分野に接客を主体とした販売形態で対応することから，各種の専門店が形成されているとみることができる。複数のカテゴリーについて総合的に品揃えする業態が百貨店である（個別の商品領域に対応する業態と，総合的に対応する業態とが存在するという状況は，セルフサービスや通信販売の販売形態でもみられる）。

また，セルフサービス販売という販売形態は，低価格で品揃えし提供できる業態となることが多く，セルフサービスの販売形態の業態には，商品分野が幅広いGMS（総合スーパー）や，さらに低価格の品揃えを実現したDS（ディスカウント・ストア）が生まれた。また個別商品分野で衣料品スーパー（SM），食品スーパーや，住居用品のホームセンター（HC），医薬品・健康用品のドラッグストアなどのスーパーマーケットの業態や，さらに低価格を実現したDS，家電量販店，酒ディスカウンターなどがあげられる。

さらに，上記のようなさまざまな業態を集積した施設が，ショッピング・センター（SC）であり，販売形態でみる業態分類とは別で，店舗集積のタイプという見方でとらえる必要がある。

図 3-1　日本における主な小売業態の特徴とその展開

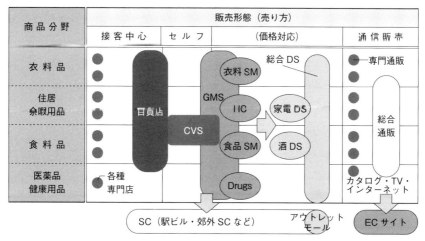

（出所）　宮副（2010）105 頁を加筆修正。

2. 各業態の特徴と変化

2-1. 専門店

　専門店は，ある特定分野の商品を取り揃え，販売する小売業態である。基本的に特定の商品カテゴリーが1つの店舗を形成した業態とみることができる。また店舗としては小型の場合が多いが，特定分野における品揃えの幅が広く深いという点，すなわち商品の専門性，集積性があるということが，消費者ニーズが多様化，高度化する時代には，消費者に評価されるということができる。

　専門店の形態は，さまざまなタイプに区分できる。紳士服，婦人服，靴，文房具といった特定の商品群に特化した業種型の専門店がある。また化粧品，家電，文房具，スポーツ用品などメーカー主導で形成されたメーカー系列のもとで組織化された専門店もある。

　さらに生活雑貨，音楽 CD・DVD，書籍などの分野で，比較的店舗規模が大型で，より幅広く奥行きの深い品揃えやサービスを提供する専門店（専門大店と呼ぶ場合もある）がある。

専門店の品揃えテーマとして，第2章 Case-1 でみた消費者の対象別（性別・年齢別），用途別（単品など），関心度別（ブランド，サイズなど）の MD 分類基準が，店舗のコンセプトとしてあてはまる店舗も数多くある。

ファッション分野では，海外を含めた複数のブランド衣料や雑貨などを経営者の感性で選択し仕入れ編集した「セレクト・ショップ」と呼ばれる業態や，「SPA」（specialty store of private label apparel）と呼ばれる製造小売業もあり，いずれも業績が伸びている。セレクト・ショップの代表例は，ファッション性の高い企業の「ビームス」や「ユナイテッドアローズ」などである。また SPA の代表例はユニクロ（ファーストリテイリング）で，H&M，ZARA，GAP など海外から日本市場への進出も相次いでいる。

2-2. 百 貨 店

百貨店は都市に立地し，その地域の一般的な家族など幅広い客層へ向けて衣食住にわたる生活関連の商材を幅広く集積した，複数の売場カテゴリーで編集された大型店舗からなる業態である。

百貨店は，販売形態も接客販売を主とするが，食料品売場などではスーパー同様のセルフの販売形態が採用されたり，上層階では常設スペースを設け，催事イベントを週替わりで展開したり（催事販売），外商，通販など複数の販売形態を幅広くもって営業するので，他の業態よりも消費者との接点を多くもつ業態ということができる。

日本では 1900 年代初頭に白木屋（1903 年に近代的店舗を開店），松屋（1907 年に 3 階建の洋館店舗を開店）など，呉服店がデパートメント・ストア化に取り組み，それ以来，現在まで 120 年以上の長い歴史をもっている。

百貨店の分類例として，出自別にみると，呉服店から発展した呉服店系百貨店として，大手企業では，髙島屋，三越伊勢丹，大丸松坂屋などがあり，地方でも藤崎（仙台），天満屋（岡山），佐世保玉屋などがあげられる。また電鉄会社が経営あるいは関係する電鉄系百貨店として，大手企業では，東急，小田急，京王，東武，阪急阪神，ジェイアール名古屋髙島屋，ジェイアール西日本伊勢丹（京都）などがあり，地方でも，いよてつ髙島屋（松山），遠鉄百貨店（浜松）などの例がある。その他として，地元共同出資での会社設立（福屋〔広島〕，浜

屋〔長崎〕，トキハ〔大分〕）や，地元企業の大手百貨店企業との提携（発足時）（下関大丸〔大洋漁業〕，鳥取大丸〔日の丸バス〕）などがあり，近年では大手の支店が地元企業に経営を委ねられた例〔JU米子高島屋〔地元デベロッパー〕）などがある。

2-3. スーパー

「スーパー」はスーパーマーケット（super market：SM）の略称である。スーパーは，百貨店の大量仕入れ・大量販売をより徹底し，さらに低価格と大量出店を進めてきた。販売形態はセルフサービス方式で人件費を抑え，店舗も簡素な売場投資で低価格・低コストのビジネスモデルを採用し成長した。日本では，アメリカのチェーンストアを手本に，1950年代に誕生し，その後の高度経済成長の波に乗り，大手小売業に成長した。

総合スーパー

イオン，イトーヨーカ堂などの大手スーパーは，衣料品，住居余暇用品，食料品，医薬品・健康用品など生活全般をカバーするカテゴリーで，しかもセルフ販売形態をとるところから，総合スーパーあるいはGMS（general merchandise store）とも呼ばれている。利益率の低い食料品を低価格で提供する代わりに，衣料品や電子機器，家具など利益率の高い商品のマーチャンダイジング・ミックスによって利益を得るビジネスモデルである。

各社とも，駅前など商店街の店舗から発祥したが，車社会の進展に伴って郊外への大型店舗出店も進め，店舗数を増やした。しかしその後，より価格性を強めたディスカウント・ストア（DS）の他，商品個別領域でのカテゴリー・キラーやSPA，営業時間や立地などで利便性を高めたコンビニエンス・ストアなどの業態が数多く誕生したため，競争力を低下させている。

食品スーパー（スーパーマーケット）

1950年代に日本に導入され誕生したスーパーマーケットのうち大型店志向の企業は，GMSとなって全国展開を果たした。そのうち，生鮮食品を軸に食品主体の品揃えという，アメリカのスーパーマーケット様式を忠実に取り入れ，

家庭の食材提供に的を絞った店は，食品スーパーと呼ばれ，今日に至っている。野菜や鮮魚などの生鮮食品は新鮮でよいものを毎日でも買うという日本人の強いこだわり志向に対応し，近隣の顧客を対象に，回転率の高い最寄品を編集し，顧客の高い頻度の購買で成り立っている。

SM業態には，ライフ，ヨークベニマル，マルエツなど一定の地域ごとに有力な企業が存在する。その地域の小売業競争のなかで 品質，鮮度，価格，地域性を踏まえた品揃えなどが消費者の評価を得るとともに，効率的な運営によって安定した経営を行っている企業が多く，業態としても健闘している。

ホームセンター

ホームセンター（home center：HC）は，住宅設備関連の商品から大工用品，自動車用品，園芸用品，日用雑貨まで，住居用品を品揃えの主体とするセルフ販売形態の業態である。

ドラッグストア

ドラッグストア（drug store）は，健康と美容に関する医薬品や日用品を品揃えの主体とするセルフ販売形態の業態である。

食品スーパー，ホームセンター，ドラッグストアなど，それぞれ特定のカテゴリーにおいてスーパー業態が形成されているが，近年ではロードサイドの郊外型店舗などで店舗の大型化が進み，それに伴いホームセンターやドラッグストアが食品を取り扱うなど，従来の基本となるカテゴリーに，他のカテゴリーも加えた店づくりが多くみられる。

2-4. コンビニエンス・ストア

日本のコンビニエンス・ストア（convenience store：CVS）は，アメリカの仕組みを手本としつつも，日本独特の業態を作り上げた。その特徴は，①一定地域への集中出店，②POS（販売時点情報管理）を核とした情報システムによる少量多品種販売体制の確立，③公共料金収納，キャッシュ・ディスペンサーの設置など非物販サービス機能の充実，④高度物流システムの確立にある。

利便性が支持を得て発展・進化してきたが，最近は成長スピードが鈍化し，

1店舗当たりの平均売上高も伸び悩んでいる。大手チェーンによる寡占化が鮮明となり，企業ごとに特徴を出した経営戦略も目立ち始めた。1つは，既存店強化を優先する動きで，来店頻度が低い高齢者層などの開拓を狙い，店員が自宅まで商品を届ける「ご用聞き」導入である。もう1つは，女性を対象顧客として，健康志向の品揃えのコンビニなど，多様な店舗タイプを開発する動きである。

2-5. ディスカウント・ストア

ディスカウント・ストア（discount store：DS）は，食品，衣料品，生活用品など，さまざまな分野で展開されている。その特徴として，①低価格販売を志向し，継続的に低価格販売するというエブリデイ・ロー・プライス政策をとる，②生活必需品と実用品を中心に体系的な品揃えをしていく，③一時的な安さではなく，粗利益を低く抑えても利益がとれるローコスト経営で安さを継続していくという経営の仕組みを確立したことなどがあげられる。

しかし最近は，家電量販店にみられる価格破壊の常態化に加え，総合スーパー，ホームセンター，ドラッグストアなどによる低価格なプライベート・ブランド商品の開発などにより，DS業態における価格の優位性が薄れてきたとみられている。

2-6. アウトレット・ストア

「アウトレット」（out-let）とは，もともと「出口」「はけ口」という意味である。アウトレット・ストアは，1970年代末にアメリカでfactory outlet，すなわち工場直売店として生まれた。

当初はキズ，汚れなどから製造段階で規格外となったものを，メーカーが直営で低価格販売する店舗であった。これがしだいに発展し，前シーズンの売れ残り品や，製造を中止した商品，キズや汚れがついた商品を，メーカー直営店で，割安で販売する店舗として展開されるようになった。

メーカーからすると「訳あり商品」をアウトレット・ストアで販売すれば，不要な在庫を処分できることになり，アウトレット・ストアは在庫の圧縮機能を果たすことになる（アメリカではメーカー以外にも，百貨店，専門店チェーン，高

級ブランド店なども在庫一掃のためにアウトレット・ストアを運営している）。一方，消費者にとっては正規の商品とほとんど変わりのない商品を格安で買えるということになり，両者にとってメリットがある。

　アウトレット・ストアを集めた「アウトレット・モール」は，ショッピング・センターの1つの形態ともいえ，日本では近年，大都市の近郊（首都圏の例では，御殿場や佐野など）において出店が増えてきた。

3. 店舗集積や経営形態の視点での業態分類

　前述以外に，店舗集積の視点，経営形態の視点などで業態を分類する場合がある。

3-1. 店舗集積視点での業態分類

　複数の小売店舗，あるいは業態が集積した場合，さらに次のような区分がある。

ショッピング・センター

　商店街が自然発生的な商業集積であるのに対し，ショッピング・センター（SC）は開発業者によって計画的に形成された商業施設である。日本SC協会は，「SCとは，1つの単位として計画，開発，所有，管理運営される商業・サービス施設の集合体で，駐車場を備えるもの」で，「核になるテナント以外に小売店舗が10店以上あり，店舗面積が計1500㎡以上の商業施設」と定義している。実際にSCは，大規模な駐車場を備え，総合スーパー，百貨店といった集客力をもつ大型店舗を核店舗に，衣料品，日用品などの各種専門店，レストラン，遊技施設，映画やレジャー施設などのテナントが出店し，広範・多様な商品とサービスを提供する商業空間になっている。

　近年は日本でも車社会の進展とあいまって，全国各地の郊外にSCの出店が相次ぎ，2021年末現在，全国で展開される総SC数は3169（日本SC協会）となっている。しかも大規模な駐車場を有する大型SCの出店が増加し，SCの平均面積（店舗面積だけでなく共用通路などを含む）は，1万7000㎡を超えている。

また郊外立地の量販店を核テナントとしたSCばかりでなく，都市部に展開される「ファッション・ビル」や「駅ビル」もSCの一形態であり，アウトレット・ストアの集合したアウトレット・モールも，同様な業態を集積したテーマ型のSCといえる。

ファッション・ビル，駅ビル

ファッション分野の専門店を集積したSCで，大都市の都心部に多くみられるのが，「ファッション・ビル」である。ラフォーレ原宿やパルコなどがその代表例である。また駅に隣接した形で通勤客を対象にした商業ビルを「駅ビル」と呼ぶ。JR東日本のルミネやアトレなどは複数の駅に出店し多店舗運営されている。またJR東海，JR西日本は，百貨店を合弁で運営し，それを核テナントに据える名古屋駅，京都駅が小売業の立地として活性化している。

さらに最近では，東京などの大都市では，「駅ナカ」と呼ばれる駅改札内小売業も開設されるようになった。たとえば，JR東日本のエキュートや，東京メトロのエチカなどである。

3-2. 経営形態による分類

多くの専門店が連携して，あるいは1つの企業のように経営される場合として，フランチャイズ・チェーンとボランタリー・チェーンがある。この2つの経営形態は小売業に限らない経営形態であるが，小売業にも適用され，さまざまなチェーンが存在する。

フランチャイズ・チェーン

フランチャイズ・チェーン（franchise chain：FC）とは，資本と経営ノウハウをもった本部（フランチャイザー）が加盟店（フランチャイジー）となる独立事業者に対して，一定地域で商号商標を貸与するとともに，直営店と同様に商品（サービスを含む）供給，指導するものである。フランチャイジーは，これに対して経営指導料（ロイヤリティ）を支払う。

フランチャイザーは，同一のブランド（店舗名）で短期間に多くの店舗を拡大でき，フランチャイジーは，一定の資金があれば，ノウハウや人材がなくて

もチェーンのビジネスを教えてもらい起業でき，双方にメリットがある。

　世界初の FC は，アメリカで生まれたケンタッキー・フライドチキンとされる。日本では 1960 年代に，不二家（洋菓子販売・レストラン）やダスキン（清掃用品のレンタル）などがこのビジネスに着手し，70 年代には，セブン-イレブン（CVS）やモスバーガーがこの形態で事業を拡大した。

ボランタリー・チェーン

　ボランタリー・チェーン（voluntary chain：VC）の組織形態は，小売店が結集した小売主宰と，卸売業が本部機能を遂行する卸主宰の 2 種類がある。

　小売主宰の場合は，多数の独立した小売店が，連携・組織化して，商標使用，仕入れ，物流などを共同化し運営するものである。これにより仕入れの取引が大口となり，仕入単価の引下げや業務の効率化が可能になる。例としては，食品のミニスーパーを主体とした「全日食チェーン」，ドラッグストアの「オールジャパンドラッグ」などがある。

　これらのチェーンは，同志的な結びつきと，加盟店の経営独立性を前提とするところから，FC と比べて本部の統制は緩やかという特徴がある。

4.　日本の小売業態の特徴と動向

4-1.　日本における主な小売業態の特徴とその展開

　日本の小売業態は，接客業態から始まって，セルフ業態が誕生し，さらに価格性を高めたディスカウント・ストア業態など多数から成り立っている。

SC の増加と，業態の多様化，専門店の成長の相関関係

　多彩な業態を揃えた受け皿として，SC がある。まさに，2000 年代以降の SC 開設の増加に合わせるように，ファッション専門店企業が台頭した。とくに婦人服カジュアル・ブランドが新たに数多く生まれ，駅ビルや郊外モールに出店し，全国的にも成長した。その後，競争激化から，婦人服ファッション専門店が紳士や子どもまで領域を広げたり，生活雑貨領域も扱うライフスタイル

専門店になったりするという変化をみせた。またSCの主要テナントとして，家電，スポーツ，生活文化雑貨など大型専門店も店舗数を拡大した。

メーカー「系列」の専門店の強さ

1950年代の高度経済成長期に，メーカーがリードする形で，全国に自社製品を優先的に取り扱う専門店網を整備した。たとえば，化粧品，家電，文具，スポーツ用品などでみられた。それらは個人経営の店舗で，地域の商店街などに立地し小規模で一見力がなさそうだが，メーカーからの経営指導・営業支援をしっかりと受けて経営されており，地域の顧客に向けてきめ細かい製品のアフターサービスを提供するなど，一定の存在意義を現在も発揮している。日本の小売業が品質の高い製品（本物製品）を適正な価格で販売し，消費者の信頼を長く維持できているのも，こうしたメーカー系の専門店によるところがあると思われる。

4-2. メーカーがチャネルとして業態を選択する意味

これまでみたように，さまざまな特徴をもった小売業態が市場で展開され競い合っているが，メーカーの立場からみれば，どの業態を流通チャネルとして選択し，流通チャネルを形成していくかが大変重要となる。そこで「小売業態をみる視点＝メーカーが流通チャネルに期待する視点」ととらえるならば，下記のように，4つの要素があげられる。

対象顧客と製品特性とのフィット

業態をみる視点の第1は，対象顧客（年齢，性別，所得など）や製品特性（価格，機能など）とのフィットから，業態が選ばれることである。たとえば，高級品であれば百貨店に扱ってもらうという選択がある。詳しい説明を要する製品であれば，専門的な商品知識をもつ営業担当者が自宅などに出向く訪問販売が適している。大量生産によるコストダウンをめざすのであれば，SMやGMSに大量に扱ってもらうことが必要になる。

顧客資産と営業力

　第2に，業態が，どのような消費者を対象にし，実際どのような消費者層が顧客として利用するかも重要であるが，さらに，業態がそれらの顧客層をどれだけ，顧客資産として保有しているかは，さらに重要な業態選択の判断基準になる。店舗においてアプリ会員やカード会員などを開拓し，その顧客プロフィールや消費傾向をつかめるデータを情報としてもっていることは，取引するメーカーにとって，品揃えや販売のタイミングなど営業をより確実にする点で有効である。また地域の顧客をしっかり獲得し，確実な販売力をもった営業担当者（店頭販売員や外商営業担当者など）をどれだけ確保しているかも重要な視点になる。

店舗展開の密度

　第3に，製品・サービスを消費者が入手できる場所が，どの程度の密度に散らばっているべきかが業態選択の基準となる場合もある。店舗展開の密度とは，消費者からみると，「それを買う場所に行くのにどれぐらいの時間がかかるか」とも言い換えられる。店舗展開の密度は，業態のチェーン化の度合いでもあり，その基準によって業態が選択される場合がある。全国的に一気に商品展開する場合は，CVS の企業が選ばれることになる可能性が高い。

地域および全国化の程度

　第4に，業態をみる場合，地域という要素を検討する必要がある。日本全国，津々浦々までローラー作戦的に製品を流通させる場合もあるが，それ以外の場合も少なくない。たとえば，都市部と郊外では優先順位が違うし，それぞれの地域での流通のさせ方を変える必要がある。また，流通させる地域は広ければよいとも限らない。たとえば「渋谷エリアで集中的に発売」といった戦術も効果的かもしれない。そうした観点で選ばれる業態については，都市部（都心やターミナル）に立地する百貨店か，郊外に展開する SC（モール）かなどが考慮されることになる。またそれぞれの地域に強い販売力をもつ，各地を地盤とする SM，HC，DS なども選択対象となる。

メーカーとしては，以上のような小売業態の目的，取扱商品，対象顧客を踏まえて，チャネル戦略を構想することが望ましく，それによって市場での正しい（無駄のない）競争が展開され，市場が活性化されることが期待される。

5.　創造する価値別での小売業の新たな分類

　小売業が消費者にどのような価値を提供するのか，マーケティング戦略の「価値の創造」にあたる部分として，本節では独自の価値モデル論を展開する。つまり消費者にとっての「価値の領域」と「価値の形態」という2つの軸で分けた4つの価値を考えてみたい（図3-2）。
　具体的には，「価値の領域」としては，消費者に共通な生活の基本領域と，消費者個別に差異のある領域（付加価値）の2つに分類される。また，「価値の形態」は，モノを中心として不特定多数の顧客に販売する手法と，モノだけでなく想定される特定顧客に向けて必要な情報やサービスまで含めて提供する手法がある。このように「価値の領域」の2分類と，「価値の形態」の2分類のマトリクスによって，小売業は4つの価値タイプに分類されることになる。

図3-2　小売業が創造する4つの価値：顧客にとっての価値

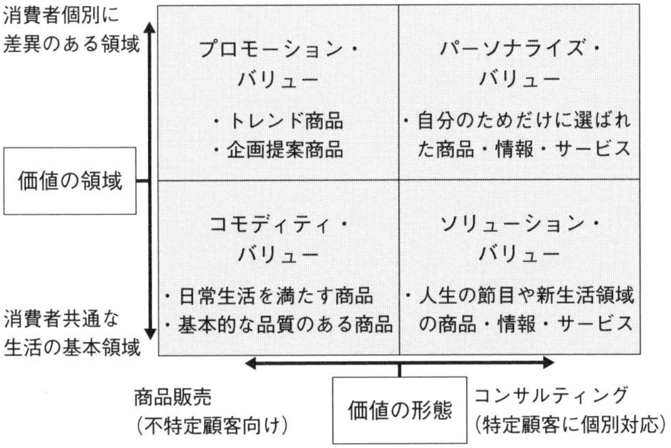

	商品販売 （不特定顧客向け）	コンサルティング （特定顧客に個別対応）
消費者個別に 差異のある領域	プロモーション・ バリュー ・トレンド商品 ・企画提案商品	パーソナライズ・ バリュー ・自分のためだけに選ばれ た商品・情報・サービス
消費者共通な 生活の基本領域	コモディティ・ バリュー ・日常生活を満たす商品 ・基本的な品質のある商品	ソリューション・ バリュー ・人生の節目や新生活領域 の商品・情報・サービス

価値の領域　／　価値の形態

（出所）　筆者作成。

5-1. コモディティ・バリュー

　生活の基本領域を価値の領域として，不特定多数の顧客にモノを販売して価値を提供するのが「コモディティ・バリュー」と呼ばれる価値のタイプである。ここで提供されるのは，衣食住を中心に日常生活を満たす商品であり，基本的な品質をもつ商品が欠品なくいつも揃っていることが求められる。具体的な業態としては，GMS，SM，CVS，ドラッグストア，HC など，大量仕入，大量販売を行う業態が当てはまる。

　この業態モデルの代表事例は，海外では「ウォルマート」（アメリカ），「カルフール」（フランス）などである。店舗展開も商品調達も大規模を追求する結果，海外に拠点を多く展開することになり，「グローバル・リテーラー」と呼ばれる巨大企業となる。ここでは売上規模，売上ランキングを競っている。

5-2. プロモーション・バリュー

　不特定多数の顧客にモノを販売して価値を提供するが，消費者に個別の差異，ときに生活を活性化させるような鮮度の高い商品，付加価値を提供するモデルである。「トレンド商品」「企画提案商品」などを企画して提供する，あるいは，商品を頻繁に入れ替え情報発信を高め集客し販売する「プロモーション・バリュー」と呼ばれる価値のタイプである。

　このタイプは，変化する消費者ニーズを先取りする形で小売業から常に働きかけていくことになり，①自主企画での商品開発や，②海外催事や物産展などの催事による商品提案，③トレンドに対応して話題のショップやブランドを導入し店舗に変化を与えていく売場編集などが，このモデルの事例といえるだろう。

　具体的な事例としては，①自主商品企画としては「ZARA」「GAP」などのカジュアル・ファッションの SPA や，「ビームス」「ユナイテッドアローズ」などのセレクト・ショップ（品揃え編集型）などがあげられる。②催事企画では，百貨店で全館的に展開される「フランスフェア」「英国展」などのような海外フェアや，「コトコトステージ」（阪急阪神百貨店），「ザ・ステージ」（三越伊勢丹）などのように店頭に常設されたプロモーション・スペースでの情報発

信が代表例である。③売場編集では，「デパ地下」といわれ賑わう百貨店の地下食品売場に代表される，情報鮮度の高い売場づくりが，その例としてあげられる。

　プロモーション・バリュー業態モデルの企業例では，DSの「ターゲット」（アメリカ）があげられる。ウォルマート同様に基本的にはコモディティ・バリューの企業であったが，同社との差異化を打ち出すため，有名デザイナーと組んだ衣料品や，ソニーなどメーカーと高付加価値のオリジナル商品開発を積極的に行い，プロモーション・バリューを提供する部分のウェイトを高めてきている。

5-3. ソリューション・バリュー

　生活の基本領域ではあるが，生活課題を有する特定顧客に対して，モノだけでなく情報やサービスも含めて専門家がアドバイス，コンサルティングしていくような価値提供のモデルとして「ソリューション・バリュー」がある。生活慣例・人生節目需要や新生活領域に関して，関連商品が集積され，関連情報が総合的に，サービスが専門的に提供されるものである。

　たとえば「ホームヘルスケア」（健康），「ホームデザイン」（インテリア）のような生活基本領域，ギフトやブライダルなどのライフステージ領域，レジャーやデジタル・ライフ（パソコンやスマートフォンの活用）などのようなライフスタイル領域で，消費者の有する課題を解決するような商品・情報・サービスの価値提供がなされる顧客対応は，「ソリューション・セリング」と名づけられる。

　百貨店の「ブライダル・サロン」では，結婚準備や結婚披露宴に関連する商品を集積し，また売場と連携するとともに，ウェディング・ドレスのレンタルや結婚式場，ハネムーン（旅行）などの情報を総合的に集め，紹介・斡旋している。また専門知識を備えた販売員が，結婚に関連するしきたりやギフトのアドバイスを行っている。これらは「ソリューション・セリング」の代表例であり，百貨店が長年取り組んでいる例である。また最近の百貨店では，健康（介護）も含め，出産・育児，新入学，受験面接などから，人生の節目需要に対応した商品・情報・サービス面のソリューション提供や，化粧や家具インテリ

アなど複数のブランドについて横断的にアドバイスするソリューションを整備しつつある。

　海外の事例では，アメリカのあるスーパーマーケットでは，惣菜の扱いを強化する際，主婦のおかず課題を解決するという意味から「ミール・ソリューション」という価値を打ち出した。またドラッグストアは「ヘルスケア・ソリューション」を，ホームセンターは「ホーム・インプルーブメント・ソリューション」を価値として表現した。今後，コモディティ・バリューのウォルマートに対抗して，提供価値を差異化していくなかで，プロモーション・バリューか，あるいはソリューション・バリューにシフトすることになるのかもしれない。

5-4. パーソナライズ・バリュー

　パーソナライズ・バリューは，コンサルティングをより個人向けに特定し，「自分のためだけに選ばれた商品・情報・サービス」を付加価値として提供することをいう。

　「ソリューション・バリュー」は，あらかじめ，想定したソリューションを常備して消費者に対応するものであるが，さらに顧客に軸を置いてみると，特定顧客についてその個別特性や履歴を深く熟知し，上記の生活領域ごとのソリューションを束ね，生活全般について顧客を支援するアドバイザリー，コンサルタント型の業態へ発展する。そこまで発展した価値提供を「パーソナライズ・バリュー」ととらえる。

　この事例としては，百貨店の「パーソナル・ショッパー」制度（売場）があげられる。特定顧客に対して顧客と商品をよく知った販売員が接客し，顧客個々のニーズに合わせて店舗全体から商品を選んで，顧客に勧めアドバイスして販売する仕組みである（多くの場合，会員制が採用されている）。日本では松屋銀座のキャリア・ウーマン向け販売サービス形態である「ジ・オフィス」が例としてあげられる。婦人服フロアの一角に設けられた拠点（サロン）で特定顧客の注文に対して担当者が接遇するものである。対象とする顧客は，大手企業に勤める部課長以上クラスの女性層といわれている。

　その価値提供手法は，①電話注文に対応して該当商品をサロンにピックアッ

プしておく，あるいは，顧客のオフィスにお届けする，②来店した顧客に対して商品選択・購入，売場同行・紹介など多様である。担当者は，顧客の好み・サイズを理解し，適切なブランド・商品について店内の部門組織，売場を越えてアドバイスする。また家具，家電製品，時計などメンテナンスが必要な商品の購入履歴情報をもとに，顧客へ次期購買を促していくこともある。開設以来30年以上にわたって顧客の支持を高め，会員顧客数を伸ばしている。

5-5. 4つのバリュー視点での業態動向

競争激化著しいコモディティ・バリュー

世界最大の小売業であるウォルマートが，西友をチャネルとする形で日本に進出したが，撤退した。カルフールなど2000年初頭に相次いだ外資系量販店企業は，日本進出から数年ですべて撤退を決めた。コモディティ・バリューでの競争は経営規模，体力を要するものであり，ドラッグストアにしても家電量販店にしても，しだいにトップ企業数社以外で，この領域で戦い続けるのは困難な状況になりつつあるようである。だからこそ，多くの企業は，その他のバリューで存在意義を明確化し，消費者の支持を得られるように選択肢を検討する必要がある。

業態らしさを提供価値モデル視点で明確にする

これまで多くが漠然と暗黙知のように語られていた「○○らしさ」ということを，このような業態の提供価値モデルで論じると，それが明確になる。

たとえば，「百貨店らしさ」とは，よくいわれる割にはイメージでしかなく，とらえ方は共通するようで人によってばらばらなことが多かった。しかし提供価値モデル分類でいうならば，「プロモーション・バリュー」がまず「百貨店らしさ」であり，「コモディティ・バリュー」主体のGMSなどと差異がある。さらに「ソリューション・バリュー」や「パーソナライズ・バリュー」にもすでに着手しており，この領域の価値提供が，百貨店が他の業態にない「百貨店らしさ」であることが明確になる。

また百貨店は接客販売業態といわれるが，その接客とはどのような機能なのか。その解は，販売員の人手を介した「ソリューション・バリュー」の提供で

あるといえよう。

このように提供価値モデルの発想で既存の小売業をみると，新しい価値の領域とその形態からその業態の特徴がわかり，今後の業態としての戦略強化の方向性も明らかになってくるのではないだろうか。

5-6. 提供価値と収益モデル

4つの提供価値の実現をさらに追求していくと，これまでにない収益の上げ方（収益モデル）に発展していく可能性がある（表3-1, 図3-3）。

「コモディティ・バリュー」は，商品を仕入れて販売する際に生ずる原価と

表3-1　小売業の4つのバリュー：考えられる収益モデル

	代表的な 業態／企業例	考えられる 収益モデル
コモディティ・バリュー 仕入・販売でスケール・メリットを 追求，ローコスト運営で収益化	・GMS ・SM ・CVS ・drug store など（例：イオン， イトーヨーカ堂）	●物販収益 （商品販売による粗利）
プロモーション・バリュー 企画・開発・販売サイクルが 確立され短期に投資・回収可能	・SPA ・ショールーム ・百貨店（催事） など	●商品企画（製造）収益 （SPA） ●催事販促収益 （広告掲載・会場使用料） ●ショールーミング収益 （期間限定での出展料）
ソリューション・バリュー 関連商品・サービスの提供 品質を明確化した関係先紹介	●ギフト ●スポーツ ●旅行，住，育児等生活コ ンサル拠点 （例：ブライダルや健康 などのソリューション）	●紹介手数料収益 （提携先への送客） ●サービス料収益 （専門領域について 専門販売員が接客）
パーソナライズ・バリュー 特定顧客の生活全般を個別に 支援，顧客を資産とするモデル	●百貨店 （パーソナルショッパー） （外商） （例：ファイナンス，相続相 談などを含む）	●会費運用収益 （会員制ビジネス） ●サービス料収益 （特定顧客個別に 専門販売員が担当）

（出所）　宮副（2013）。

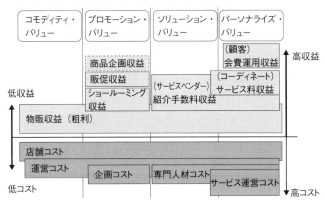

図3-3　小売業４タイプの収益構造・コスト構造の考え方

● それぞれで収益の上げ方、コストのかけ方に違いが出てくる

売価の差異が利益の源泉で（物販収益モデル），その収益を上げるには，大量販売・大量仕入によりスケール・メリットを発揮し原価率を下げ，コストを抑制して運営することが重要となる（「規模の経済」）。

　「プロモーション・バリュー」実現の重要点は，商品企画・開発・仕入・販売サイクルの確立であり，いかに短期に消費者の需要を吸い上げ，商品化（あるいは売場展開）を実現し，その投資を早期に回収していくかにある。目標指標としては，商品回転率，企画商品消化率，面積生産性などがあげられ，商品や売場を変化させて，集客性や利用頻度を高めて収益を上げる「変化の経済」が追求される。

　「ソリューション・バリュー」では，紹介・推奨のアドバイスによって関連購買を促進させて顧客の買上単価を上げ，顧客満足の向上によって顧客維持率を上げる。つまり１人の顧客からの収益を上げていくような「範囲の経済」が追求される。特定の生活テーマについて，そのソリューションとして，どのような情報やサービスを揃えるか（それは企業側の基準によって選択されることが顧客の信頼のうえからも重要だが），その取扱いの幅広さが求められ，専門販売員の人的生産性も重要となる。顧客に関連商材を含め情報やサービスを紹介・推奨・アドバイスできる，一定の質をもった専門人材を揃えるための高いコストをカバーしうる収益を上げていくことがマネジメントの要諦となる。

「パーソナライズ・バリュー」モデルでは，顧客を生涯顧客化し，生活全般に多様な商材・サービスを顧客ごとに個別に編集し提供していくことが，マネジメント要件になる。顧客維持率，顧客年数，人的生産性などが重要指標となり，「深さの経済」ともいうべき，顧客を深く知り個別に対応することで，ビジネスの競争優位が発揮されると考えられる。

　このように，小売業がどのような顧客に，どのような価値を，どのような形態で提供するか，すなわち「ビジネスシステム」が明確になり，それぞれでどのように収益を上げているかというモデルが明確にできれば，それがまさに企業の「ビジネスモデル」ということである。

注 ────────────
1　宮副（2010）の記述をベースにしている。

第 2 部

流通の構造的変化をとらえる

第4章

B2C モデル
──アマゾン・エフェクトによる変容──

この章で学ぶこと／考えること

- 日本の流通に押し寄せている構造的な大波の第1は，ネットによる商品購入の拡大，とりわけ，そのなかでも強力なネット小売業としてのアマゾンの台頭である。

- アマゾンは，その取扱商品の範囲を，酒類や生鮮食品にまでも広げ，最寄品（日常的なコモディティ商品）の主力流通チャネルとしてその地位を高めている。従来，大衆への流通チャネルとして機能してきたスーパーマーケットやコンビニエンス・ストアなどに代表される「チェーンストア」に代替していく可能性がある。

- そのようなアマゾンの影響（アマゾン・エフェクト）を受けて，メーカーも小売業も，アマゾンにどのように対抗するか，あるいは協調するか対応を始めている。ファッション商品など買回品では商品の選択・試着・返品などリアル店舗における顧客への機能を明確化させながら，アマゾンにはできない価値の創造の工夫を始めている。

1. ネット小売業・EC運営企業の動向

1-1. 消費者向け電子商取引の市場規模

消費者向け電子商取引（EC）の市場規模は，2021年時点で約21兆円となっている（表4-1）。分野別には，物販系が約13兆円（対前年伸長率8.61％）となった。そのEC化率（すべての商取引に占めるECの比率）は8.78％へと上昇した。

業種別にみると，EC化率が高いのは「書籍，映像・音楽ソフト」「生活家電，AV機器，PC周辺機器等」「生活雑貨，家具，インテリア」などである（表4-2）。そのなかで，衣料のEC化率は，2019年（13.87％）から20年（19.44％），そして21年（21.15％）と急拡大した。

衣料におけるEC化率の年次推移をみると，年を追って比率が上昇し，かつインターネット合計でのEC化率を上回る幅で拡大し，2021年には20％台に至った。衣料品市場の約2割がネットを通じて購入されているということになる。

1-2. 消費者向けEC企業の主なタイプ分類

一般に，消費者がインターネットで商品を購入する場合，接している企業（ネット流通の担い手）としては，2つのタイプに大別される。すなわち，①自社通販型EC（インターネット通販小売業）と，②電子モール型EC（ECプラットフォーム）である（図4-1）。

自社通販型EC（インターネット通販小売業）

このタイプは，自社商品あるいは自社が仕入れた商品を消費者に直接販売する小売業である。その企業が商品在庫をもち，消費者からの注文を受け，商品を発送する。たとえば，オンライン書店や「アマゾン・ドットコム」などがこのタイプにあたる。

表 4-1　日本の消費者向け電子商取引の市場規模

	2019 年	2020 年	2021 年	伸長率 （2021 年）
A．物販系分野	10 兆 515 億円 （EC 化率 6.76%）	12 兆 2333 億円 （EC 化率 8.08%）	13 兆 2865 億円 （EC 化率 8.78%）	8.61%
B．サービス系分野	7 兆 1672 億円	4 兆 5832 億円	4 兆 6424 億円	1.29%
C．デジタル系分野	2 兆 1422 億円	2 兆 4614 億円	2 兆 7661 億円	12.38%
総　　計	19 兆 3609 億円	19 兆 2779 億円	20 兆 6950 億円	7.35%

（出所）　経済産業省（2022）。

表 4-2　業種別の EC 化率

分　類	2019 年		2020 年		2021 年	
	市場規模 （億円） ※下段： 前年比	EC 化率	市場規模 （億円） ※下段： 前年比	EC 化率	市場規模 （億円） ※下段： 前年比	EC 化率
①食品，飲料，酒類	18,233 （7.77%）	2.89%	22,086 （21.13%）	3.31%	25,199 （14.10%）	3.77%
②生活家電，AV 機器，PC・周辺機器等	18,239 （10.76%）	32.75%	23,489 （28.79%）	37.45%	24,584 （4.66%）	38.13%
③書籍，映像・音楽ソフト	13,015 （7.83%）	34.18%	16,238 （24.77%）	42.97%	17,518 （7.88%）	46.20%
④化粧品，医薬品	6,611 （7.75%）	6.00%	7.787 （17.79%）	6.72%	8,552 （9.82%）	7.52%
⑤生活雑貨，家具，インテリア	17,428 （8.36%）	23.32%	21,322 （22.35%）	26.03%	22,752 （6.71%）	28.25%
⑥衣類・服装雑貨等	19,100 （7.74%）	13.87%	22,203 （16.25%）	19.44%	24,279 （9.35%）	21.15%
⑦自動車，自動二輪車，パーツ等	2,396 （2.04%）	2.88%	2,784 （16.17%）	3.23%	3,016 （8.33%）	3.86%
⑧その他	5,492 （4.79%）	1.54%	6,423 （16.95%）	1.85%	6,964 （8.42%）	1.96%
合　計	100,515 （8.09%）	6.76%	122,333 （21.71%）	8.08%	132,865 （8.61%）	8.78%

（出所）　経済産業省（2022）。

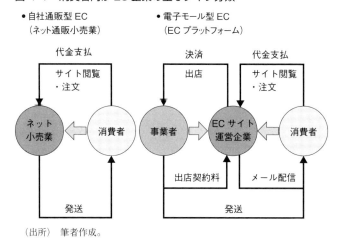

図 4-1　消費者向け EC 企業の主なタイプ分類

(出所)　筆者作成。

電子モール型 EC（EC プラットフォーム）

　このタイプは，複数の事業者が出店するインターネット上の商店街あるいは，モール（ショッピング・センター）のようなサイトである。その企業は，消費者からの注文を受けるが，商品在庫をもたないので，商品は，在庫をもつ当該事業者から消費者に発送される。EC 運営業者は，小売業者ではなくいわばテナント管理のデベロッパーのような位置づけである。具体的には，「楽天市場」「Yahoo! JAPAN」などがあげられる。

　消費者はインターネット上でそのモールを見出し，そこに出店している各事業者のサイトに移動し，商品を購入する。品揃えは，出店した各事業者が行い（在庫も事業者），顧客から注文を受けて事業者が顧客に配送する。商品購入代金は，顧客から EC 運営業者に支払われ，一定期間の取引を取りまとめて EC 運営業者から事業者に支払われる流れである。出店者は単体での情報発信・受注が難しく，大手で多くの消費者に知名度があり，アクセスしやすい EC モールに出店することでそのメリットを享受することができる。

　EC 運営業者の売上は，その手数料収入となる。EC サイトを利用して購入された（事業者の売上）総額は，「流通総額」と呼ばれ，それが実際の取引規模ととらえられる。

【コラム】　ネット通販を行う企業の種類

　店舗小売業も製造小売業（SPA）もネット通販を行っており，次のように整理できる。

　（小売業では）
・ネット通販を専業とする小売業──ZOZOなど（アマゾンも創業当初はネット通販専業であったが，現在は電子モール型事業も行っている）
・店舗もネットももつ小売業──ユニクロ，アーバンリサーチなど専門店，髙島屋など百貨店
・ネット以外の通販小売業がネット販売も展開──ディノス・セシール，ジュピターショップチャンネル，千趣会など
　（卸売業・その他では）
・アパレル卸の消費者向けネット販売──ワールド，オンワード，TSIなど

ネット通販とリアル店舗との関係

　かつては，リアル店舗での店頭販売がメインで，それを補完する販売形態がネット通販であった。近年，ネット通販は，リアル店舗を上回る成長で勢いがあるので，リアル店舗とネット通販は競合関係だとか，ネットに売上を奪われるなどとみる向きも多い。しかし，リアル店舗でも店内に置いた端末からネットを活用して商品を探し，注文（購入）もできる。そこで，従来のような「リアル店舗 vs. ネット」という対立構造でとらえない見方も増えてきている（むしろ，ネット販売を主にとらえ，販売形態の一部に店舗販売があると位置づける「OMO」（online merges with offline）や「オムニチャネル・リテイリング」などといった概念につながると考えられる）。

　今後は，消費者の購買意識・行動も，企業の顧客アプローチ・販売形態も，リアルとデジタルが自然と溶け込み，相互につながって，価値の伝達と提供がなされる，そのようにとらえるべきではないだろうか。

2. アマゾンの動向

2-1. アメリカ本国（およびグローバル）でのアマゾンの動向

　アマゾンは，オンラインでの商品販売（オンライン・ストア）を主とし，実店舗販売（食品スーパーマーケットの「ホールフーズマーケット」など），「第三者販売サービス」（EC サイトのマーケットプレイスを通じて第三者が販売するサービスに関する手数料売上），定期購入売上（会員費収入），「AWS」（クラウド運営事業）などから構成される（第三者販売サービスの手数料率から，アマゾン出店企業の売上，すなわち流通総額は約 10 倍の規模かと推測される）。

2-2. アマゾン――ビジネスの特徴

　アマゾンの商品販売の特徴・強みとしては，以下の 7 点を指摘できる。

　①商品：「地球上，最も豊富な」20 億品目（推定）にも及ぶ品揃えを常備している。その取扱商品分野は，書籍に始まり（1995 年），音映像・家庭用品・ファッション・食品（加工食品や生鮮食品・酒など）にまで拡大した（商品分野の観点からみると，次々とアマゾンの取扱分野になっていくことを，その分野の「アマゾン化」と表現される場合がある）。アマゾンは，このように圧倒的な「商品の総合性」をもつことが，まずあげられる強みである。

　②顧客：「アマゾン・プライム」会員制度で顧客を囲い込み（2005 年アメリカスタート，19 年末約 1.5 億人の会員数），さらにお急ぎ便，お届け日時指定便，注文した商品が 1 時間で届く「プライム・ナウ」などの配送利便や，音映像の聴き放題・見放題サービスといった特典を揃え，会員を増やしている。また獲得した顧客は，ワンクリック購入やレビュー・評価システムなど顧客対応の充実により，リポート利用を促し，堅固な顧客基盤を築いている。

　③データ分析と購買推奨機能：顧客の検索履歴と商品購入実績などのデータを分析し，その顧客向けに推奨する「パーソナル・リコメンド」を精度高く行っている。

　④物流：物流網ロジスティクスの整備が充実し，世界で年間 40 億個（推定）

の荷物を取り扱う規模になっている。これにより迅速で確実な配送を実現し，顧客からの信頼を得ている。

⑤広告宣伝：消費者のネットショッピングにおけるアマゾンの認知は高く，多頻度で利用される。企業はその点を認識し，アマゾンのサイトへの広告出稿を重視している。

⑥フィルフルメントの一貫性と実現力：顧客からの受注，商品の梱包・発送，返品対応までのカスタマーサービスを，アマゾンが一貫して実行し，それにより高い顧客満足と信頼を得ている。

⑦複数のビジネスモデル：ネット小売業として「アマゾン・ドットコム」を開始したが，他の事業者が出店するECサイト「マーケットプレイス」の運営比率も高めており，ネット小売とEC運営を複合する事業展開になっている。商品販売・物販収益はもとより，ECサイト運営企業として取扱手数料収益，顧客からの会費運用収益などの複数のビジネスモデルから安定した収益を確保している。

2-3. アメリカ・アマゾンの近年の動き

アマゾンの小売関係では，リアル店舗の開設が，BOOKストア（2015年）から始まり，「アマゾンGO」（2016年）でのレジレス店舗の開発・出店，「アマゾンフレッシュ」でのスマート・ショッピング・カートの導入，そして食品スーパーマーケット「ホールフーズマーケット」買収（2017年）などに至った。とくにホールフーズマーケットは，生鮮食品を含む食品の取扱い拡充につながり，その店舗拠点を活かした宅配ビジネスの強化となった。プライム会員の食料品ネット注文では，最短30分で店舗駐車場での受取りが可能になった。全米400店舗のリアルな接点を確保でき，店頭でアマゾン・プライム会員を獲得することにつながった。

また多様な商品受け取り拠点の開発も活発である。たとえば，アメリカのセブン–イレブンにあるアマゾンロッカーのほか，銀行の小型支店のような受取り＋返品専用拠点を各地に増やした。

さらに「アレクサ」などAI（人工知能）の技術導入は，ネット注文を容易にしている。

3. アマゾン・エフェクト

　アマゾンの急成長，その市場拡大が，さまざまな小売市場に変化や影響をもたらしており，その状況は，「アマゾン・エフェクト」と呼ばれている。ただし，その影響のなかには混乱や危機といったマイナス面だけではない，既存産業でも活性化につながる例がみられ，新たな変革・事業創造などのプラス面も生み出している。

3-1. アマゾンの売上拡大に伴うリアル店舗の売上減少

　インターネット販売の浸透，とりわけアマゾンが売上を拡大するに伴い，既存小売業のリアル店舗では客数が減少し（客離れ），売上が落ち込むという影響を受けた事例が多くみられる。たとえば，郊外型ショッピング・センター（SC）／モールである。消費者の間にネットでの購買が浸透すると，その利便性を感じる消費者は，家から遠い郊外のSC／モールにわざわざ出かけ，その広大な施設内で回遊することを負担に感じ，訪問を回避する場合も増えた。アメリカでは，このような背景から巨大な郊外型SC／モールから客足が遠のき，入居テナントが営業不振に陥り営業をやめ，空テナントが増加して「ゴーストSC」に至った事例が各地でみられる。

　アマゾンにおける商品の圧倒的な総合性という特徴からは，これまで総合的な品揃えを強みとしてきたGMSや百貨店が大きく影響を受けている。また，店舗で品揃え常備が難しい特殊な商品の展開や商品集積力の面においてはECは実店舗のように商品を並べるコストがかからず，何百，何千と商品を並べられる。種類や色などの選択肢も圧倒的に多い。そのような観点で，従来，その専門性のある奥深く幅広い商品集積を強みとしてきた大型専門店（カテゴリー・キラーといわれる価格性を付加した業態も含め）にも影響を与えた。その典型が，アメリカの「トイザらス」や「フォーエヴァー21」などの経営不振，店舗閉鎖である。

3-2. 取扱商品の順次拡大（アマゾン化）の影響

　アマゾンの取扱商品が書籍から始まり，音映像，文房具，生活用品・雑貨，食品，衣料品，ファッションへと広がってきた（「アマゾン化」）。これに伴い，関連する商品領域の小売業の低迷が顕在化している。すなわち書店，CDショップ，生活雑貨店，文房具店，食品店，ファッション専門店などが次々と影響を受けることになった。そもそも店舗数が大都市に比べ少ない地方都市・地域の商業に深刻な影響を与えている（日本でも同様な傾向がみられる）。

　またアメリカでは，アマゾンはスーパーマーケット大手の「ホールフーズマーケット」を買収し，生鮮食料品の分野もアマゾン化した。生鮮食品は，宅配便だと受け取りに困ることがあるが，実店舗を手に入れ，生鮮食料品を近くの店舗で受け取れるようにしたのである。

　このような商品分野の「アマゾン化」は消費財にとどまらない。証券や金融など，あらゆるものを含めて，アマゾンが経済を飲み込んでいる状況が進行しているといってよい。

3-3. 配達関連ビジネスやピックアップ拠点ビジネスの活性化

　一方で，アマゾンによって，既存産業の活性化や新しいビジネスも生み出されるという面もみられる。

　ネットでの購買の増加は，商品配達の増加となり，宅配業が活性化することにもなった。通販配送用の段ボール需要も増加しているという。

　また，ネットでの購買形態の1つである，ネットで注文したものを自宅以外の拠点で受けとる「BOPIS」（buy online pick-up in store）という行動は，消費者の身近な生活圏に数多くの拠点をもつ業種，たとえばコンビニエンス・ストア，クリーニング店，美容室などのチェーン企業が，ネット購入商品のピックアップや返品対応の拠点（ファッション商品の場合では試着拠点など）として機能するという新しい側面も生み出している。

3-4. 小規模企業のDtoCビジネス拡大を後押し

　アマゾンの配送受託から配達までの一連のシステムは，その浸透とともに，

社会的なインフラともいえるような状況になってきており，全国各地の食材生産者や工房クリエーターがネットを通じて全国の消費者と結びつき，その受注を受けて，商品を配送網に載せて配送でき，ビジネスの可能性を一気に拡大している。「D2C」（direct to consumer）といわれる，多くの中小事業者から消費者への直販ビジネスの拡大・成長を後押ししているといってよいだろう。

4. アメリカ小売業のアマゾン対応

4-1. 店舗を含めたオムニチャネル・リテイリング

　店舗をもつ小売業は，そのリアル店舗拠点を強みとして活かした「オムニチャネル・リテイリング」の体制を整備し，そのまま新たな営業モデルを模索している。「オムニチャネル・リテイリング」とは，企業が顧客への販売経路（チャネル）を店舗・ネットなど複数もち，顧客の購買行動の段階（商品探索・選択・購入・受取り）に応じて，チャネルの役割を適宜変え，連携させながら，商品を販売することである（図4-2，図4-3）。オムニチャネル・マーケティングを構想し実行する際に重要なものとしては，以下の2要素があげられる。
　(1)　時間の設計——消費者の購買プロセス（カスタマー・ジャーニー）に沿って，「ショールーミング」にも「ウェブルーミング」にも対応できるようにする。自社の得意分野や経営資源を踏まえながら，顧客との接点をいかにもつかが重要となる。その接点での顧客情報をいかに共有化し顧客対応に活かしていくかなどを設計する。
　(2)　空間の設計——小売業のオムニチャネルの場合，店舗と顧客の自宅の中間に「小型拠点」を設けることで，商品見本展示（ショールーミング機能），オンラインで注文したものの取寄せ（コレクト機能），試着，返品などの顧客対応を綿密にできる。このような観点で顧客接点の空間の設計も重要となる。
　アメリカの百貨店におけるオムニチャネルの取組事例としては，コールズの店内のオムニチャネル端末（サイズ・カラー在庫補完）や，メイシーズのオンライン注文品の店舗ピックアップなどがあげられる。
　オムニチャネル・マーケティングは，コミュニケーションや販売のチャネル

図4-2　オムニチャネル・マーケティングの全体像①　「時間の設計」：コミュニケーションとリテイリングを連携する

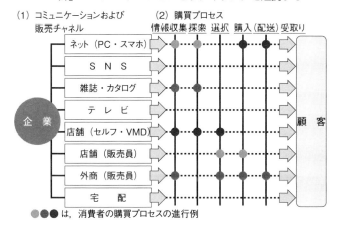

（1）コミュニケーションおよび販売チャネル

（2）購買プロセス　情報収集　探索　選択　購入（配送）　受取り

●●●は，消費者の購買プロセスの進行例

（出所）　筆者作成。

図4-3　オムニチャネル・マーケティングの全体像②　「空間の設計」：顧客との接点の配置を設計

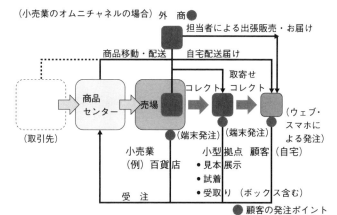

（小売業のオムニチャネルの場合）外　商●

（出所）　筆者作成。

を複数抱える大企業でないとできないのか，というと，そうではない。たとえば，メガネ製造・小売の「ワービー・パーカー」は，オンラインで顧客の好みをリサーチし，それに基づくサンプルを試用できる「ホームトライオン（家でお試し）」や，図書館のような在庫陳列で専門家も配備され「閲覧」が楽しめるリアル店舗などを用意している。このように，独自の強みを活かした特徴的な展開で顧客支持を集めている企業もある。

4-2. アマゾン対抗──独自のオムニチャネル体制の強化

さらに，企業特性を活かした独自化・差別化もみられる。たとえば，ノードストロムは，①「ノードストロム・ローカル」というコレクト機能の独立型店舗，②リアル店舗のコミュニティ機能強化などを進めている。具体的には，店舗内「カフェ」（コミュニティ型レストラン）を整備し，顧客のリアルでのくつろぎ空間・交流拠点として機能させていることも，アマゾンへの対抗策といっていいだろう。

また，③アマゾンの成長の勢いに便乗する対応もある。コールズ百貨店は，店内にアマゾン拠点を設け，購入商品の返品受付も対応している。アマゾン顧客を百貨店顧客にする戦略とみられる。

5. 日本におけるアマゾンの動向

アマゾンの世界各国の業績をみると，アメリカが全体売上の3分の2を占めるが，次いでドイツやイギリス（ともに7%程度）と続き，日本は約5%とアメリカ以外では世界で3番目に売上の多い国になっている（2021年アマゾン公表数値）。

5-1. アマゾンの商品拡大

日本においても，さまざまな商品領域がしだいに「アマゾン化」してきている。たとえば，衣料・食品（2008年），酒（2014年），生鮮食品を含む「アマゾンフレッシュ」（17年4月）などの商品取扱が拡大した。さらに，近年ではファッション領域取扱の強化がみられる。丸井渋谷店舗でのファッション・プ

ロモーション（2017年）や，世界最大級の撮影スタジオを併設したファッション商品センターを東京・品川に開設（18年）するなど，動きを活発化してきた。

5-2. 顧客へ向けての「付随機能」充実が顕著

アマゾンは，即日など短期での配送，全国的にカバーされた物流ロジスティクスに強みがある。日本でも決済システム（「Amazon Pay」など）が導入された。

また，消費者（購入客）も，商品出店者（事業主）も，自社EC運営者も顧客ターゲットとした決済ビジネスを展開（日本：2015年から）し始めた。事業者向けには，さらに新規顧客開拓支援，コンバージョン率向上へ向けたビジネス支援を行っている。

6. 日本におけるアマゾン・エフェクト

6-1. 消費者のリアル店舗に対する意識・行動調査

コンサルティングファームのPwCの調査によれば（2017年発表），アマゾンによりリアル店舗での購買が減少した比率が日本では39％と，アメリカ（37％），ドイツ（34％），さらに世界全体平均（28％）よりも高かった。日本はアマゾン・エフェクトが顕著な国ということができる。

6-2. 小売業売上高ランキングでの位置づけ

日本でのアマゾン事業規模（AWSを含む）（2020年）は，単純に日本の小売業売上高の企業別ランキングにおいてその位置づけをみると，セブン-イレブンなどコンビニエンス・ストア（CVS）企業群に次ぐ，第4位に相当する位置にある（2019年6位よりさらに上昇）（『ダイヤモンド・チェーンストア』2021年9月15日号，48頁）。

6-3. アマゾンの事業拡大による日本市場への影響

アマゾンは，日本の小売市場においても，さまざまな商品分野でアマゾン化を進め，これまで書店，酒店，お菓子店など中小商店に多大な影響を与えてき

た。その結果，近隣に商店のない地域を生み出し，「買い物難民」となった地方の消費者は多い。ICT リテラシーの未熟なシニア層も，アマゾンを通じて買わざるをえない状況となっている地域もみられる。

　また一方で，アマゾンは，地方において，地域産品を生み出す事業者や工房など中小事業者の販売機会を拡大するという貢献もある。

7. 日本の小売業およびメーカーの対応

7-1. 日本の小売業の対応①——ネット通販

　アマゾンと同業あるいは類似となるネット関連企業では，最新 ICT（情報通信技術）を活用したパーソナル化，試着不要化を試みる（2018 年から ZOZO など）といったアマゾンの取扱いが本格化するのに先がけてファッション・アパレル分野を強化する動き（2019 年から楽天など）がみられた。

　また，商品販売以外にも金融やサービスなど，総合的なビジネスでネットを通じて顧客接点を形成するプラットフォーム企業（楽天やヤフーなど）では，その総合性を活かし，顧客の相互利用の促進，決済機能の強化などに取り組んでいる。

7-2. 小売業の対応②——店舗小売業

　店舗小売業は，アマゾンにない要素としてセールス・スタッフの接客販売技術を活かし，オンライン画面で顧客に商品をみせながらリモートで販売する「ライブコマース」という販売形態を，ファッション専門店や百貨店の一部で採用し始めた。

　また，百貨店のそごう西武は，渋谷西武で D2C ブランドのショールームの場を提供した。販売員は常駐せず，気に入った商品があれば QR コード付きのタグを読み取り，そのブランドの通販ページから注文する仕組みを試み，さらにそれを拡大するような形で，店頭では商品展示のみで，ネットを通じて購入する「ショールーム業態」を 2021 年 9 月に店内で開業した。この業態としては，大丸松坂屋も同年に「明日見世」を大丸東京店に開設した。

7-3.　メーカーへの流通におけるパワー

　日本でのアマゾン売上高は，前述のように拡大してきており，大手消費財
メーカーへのチャネル交渉力（いわゆる「流通におけるパワー」）も高まっている。

　その第1が，PB（プライベート・ブランド）の開発である。アマゾンは，メー
カーに働きかけてアマゾン限定品の開発を進めてきたが，2016年からは消費
財カテゴリーのPBを開発し，販売を開始した。また共同開発した企業のブラ
ンドを併記するダブルブランドの取組みも開始した。たとえば，アンファーと
「スカルプD」などである。

　第2に，とくにアマゾンの自社戦略に，メーカーを巻き込む動きである。た
とえば，花王は，アマゾン・ウェブサイトにメーカー「専用ストア」（ページ）
を開設した（2014年10月）。さらに「ベンダーフレックス」制度という，花王
の物流センターの一部をアマゾンに貸し出し在庫保管することで，消費者から
のアマゾンへの注文に花王の物流センターから出荷する仕組みをつくった。

　そうしたアマゾンへの大手消費財メーカーの対応策としては，アマゾン・
ウェブサイトでのMD拡充を行い，店頭では扱わないもの，扱いにくいもの
（大容量商品・比較的単価の高いものなど）を訴求して，2個・3個のまとめ買いを
誘導する見せ方を工夫している。

また，広告効果として期待もしており，アマゾン・ウェブサイトは，広告チャネル，媒体としても重要と考えている。なかでも「アマゾン・バイン」（クチコミサイト）機能を活用し，アマゾン会員顧客へ向けて1カ月の先行販売を行い，そこで得られる消費者の反応・意向を把握して，次なる営業展開や商品開発に活かすなど，メーカーとアマゾンの協働関係はしだいに強まってきている。

8. アマゾン台頭による流通チャネルの構造変化

コモディティ商品流通におけるアマゾンの位置づけが高まることが予想される。ちなみに，日本でのEC化率はどこまで高まるだろうか。ICTの進化（端末の進化，通信の整備など），消費者にとっての使いやすさの進化などをどう予測するかなどで，EC化率の上限が議論されるだろう。

最寄品に関しては，コモディティ商品（日用品・生活雑貨・食料品など）はネット小売業（たとえばアマゾン）での購買へのシフトが進むと予想される。そうなると，コモディティ商品を扱う小売業態は売上では苦戦を強いられ，価格競争が激化する。そうなれば，利益を上げられない構造となってしまう。いま取り組んでいるアマゾン対抗の「ネットスーパー」も，伸長すれば伸長するだけリアル店舗は倉庫化し，さらには無用化するのではないだろうか。そうなれば，また消費財メーカーのアマゾン取引シフトがいっそう強まるという流れになりそうである。

すなわち，長年，モノの市場普及・浸透・供給のため，全国に店舗網を配置し，マスとなったチェーンストアは，その機能をネット＋宅急便に取って代わられてきている。その傾向は今後ますます顕在化するだろう。

買回品に関して，ファッション商品（衣料・服飾雑貨など）は，消費者の商品検索・試着・購買のオムニチャネル化が進む。ネットが前提で，店舗が顧客の利便に機能する展開となり，小売業における店舗のあり方が大きく変化すると予想される。

メーカーから消費者へのモノの流れにおいて，日用品や食品など日常的に購入される商品（コモディティ商品）については，日本では1950年代頃以降誕生

し，急速に市場に拡大・浸透した「チェーンストア」(スーパーマーケット／コンビニエンス・ストア／ドラッグストアなど多店舗で量販する業態) がかなりの部分を担ってきた。しかし，近年，アマゾンなどのネット小売業が台頭し，どこで買っても同じであるコモディティ商品は，店舗まで行かず，買った商品を持ち帰る労力や手間をかけずに，ネットで買うことが多くなってきた。

　今後，コモディティ商品の流通では，ネット形態がチェーンストア業態に代わって機能することが推測される。消費者にとっての価値をしっかりと提供する企業でないと，存在意義はないということになる。

9. 商材のデジタル化の進展

9-1. デジタル系分野の EC の動向

　書籍・雑誌などがデジタル化して「電子出版」として市場形成し，年々高い伸びを示している。音楽や動画も，かつてのレコードや CD，DVD などに代わって配信サービスへ移行している。ゲームもデジタル化し，オンラインゲームとして市場を伸ばしている (表4-3)。

　デジタル商品のマーケティングの特徴として，どのようなことがあげられるだろうか。まず，流通チャネルの面では，ゲームなどの製作メーカーと消費者がインターネットにより直接つながり，製品であるデジタル・コンテンツがダウンロードされ，消費者の手元にわたる，いわば「ゼロ段階のチャネル関係」ということができる。また製品特性としては，いったん製品が購入された後，仕様の向上やシナリオの追加などのバージョンアップがある場合，既存製品を上書きして更新できることがあげられる。

　企業と顧客が常時接続の関係があることを前提に，製品が持続的に更新される仕組みである。その更新の選択は顧客の自由裁量であり，それに伴い価格も何通りにもなる (あるいはサブスクリプションの場合もあるだろう)。

　このように商品のデジタル化は，マーケティング戦略を新しいものにし，企業の対応も次の段階に広がることになるのである (第9章「コミュニティ型マーケティングの仕組みと変化」で詳述する)。

表4-3 デジタル系分野のEC市場規模

分　類	2019年 市場規模（億円）※下段：前年比	2020年 市場規模（億円）※下段：前年比	2021年 市場規模（億円）※下段：前年比
①電子出版（電子書籍・電子雑誌）	3,355 (20.58%)	4,569 (36.18%)	5,676 (24.23%)
②有料音楽配信	706 (9.56%)	783 (10.80%)	895 (14.30%)
③有料動画配信	2,404 (62.76%)	3,200 (33.10%)	3,791 (18.47%)
④オンラインゲーム	13,914 (▲4.00%)	14,957 (7.50%)	16,127 (7.82%)
⑤その他	1,043 (6.00%)	1,105 (6.00%)	1,171 (6.00%)
合　計	21,422 (5.11%)	24,614 (14.90%)	27,661 (12.38%)

（出所）経済産業省（2022）。

9-2. メタバースの可能性

（1）メタバースとはどのようなものか

　メタバースとは，インターネット上の仮想空間のことで，ユーザーが自身の分身（アバター）をつくってそれでその空間のなかで活動し，他の人と交流したりさまざまな体験，現実世界ではできないことを体験したりするツールである。1992年にアメリカのSF作家のニール・スティーブンスンがその著書で，3Dの仮想空間を「メタバース」と表したのが発祥といわれる。

　メタバースは，2000年以降，ゲーム業界が取り組み広めてきた。世界で数億人もユーザーを抱えるオンラインゲームなどで，そのデジタル空間上で楽しみながらユーザー同士の交流も深めてきた。そして，2021年にアメリカのフェイスブック社が社名を「メタ」に変更し，メタバースの開発に巨額の投資を行う方針を表明したことで，メタバースの認知・関心が一挙に高まった。

　メタバースに関わる企業がさまざまなアプリを開発している。ビジネスの面

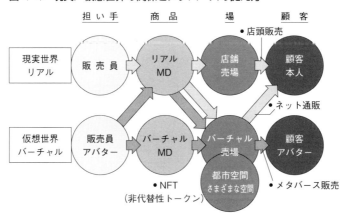

図4-4　現実／仮想世界の関係とメタバースの捉え方

（出所）　筆者作成。

でも，アバターで参加する仮想の職場が形成され，アプリによって現実空間と
仮想空間の間のやりとりも行われる。

　消費財分野においても，メタバースのプラットフォームを新たな市場ととら
え，参入が進んでいる。たとえば，そのなかでアバター用の商品が高額で取引
されたり，短時間で完売する事象もみられる。参加する消費者自身も人間とい
う枠を越え，動物やロボットへ変容することも簡単で，従来の現実空間にない
新たなニーズも生じる可能性が期待されている。

（2）　メタバースの基本的な捉え方とその広がり

　図4-4のように，企業側の担い手（販売員などスタッフ）が，顧客に向けて商
品を「場」を活用して提供する関係をみると，現実世界では図で示す薄い網か
けの矢印のように販売員がリアルMD（商材）を，リアル店舗売場で顧客本人
（リアル）に販売するのが店頭販売であり，ネットの場で販売するのがネット通
販である。

　メタバースでは，販売員もアバターで，顧客アバターに向けて，バーチャル
な売場空間でリアル商品（3D画像など）を販売する場合もあれば，バーチャル
MD（NFT：非代替性トークンと呼ばれる商品など）を販売する場合も含め，メタ

バース販売ということになる。しかし，そもそもメタバースは販売が主目的ではなく，仮想空間での経験やイベントなどでのメンバー交流が主であるし，販売シーンも店舗売場に限らず，仮想の都市空間，仲間とのコミュニティ活動，生活場面などでの展開にも拡張されるもので，その空間設計は飛躍的に多様になり，さまざまな可能性が高まるといえるだろう。

第5章

C2C モデル
──メルカリ・エフェクトによる発展──

この章で学ぶこと／考えること

- 日本の流通における構造的変化の大波の第2は，消費者個人間の商品取引の活発化である。とくにフリーマーケットのスマートフォン・アプリ・システム「メルカリ」がサービスを開始して以降，その利用が普及し始めており，消費者の意識・行動に大きな変化をもたらしている。

- 従来のような新品・所有重視の消費者意識とは違う，中古品でも価値を認める消費者意識が顕在化してきている。いったん購入して，その後に売却することを繰り返すという「所有しない消費者」が市場において一定の割合を占め始めている。これにより消費者が新しい価格意識をもち，価値を見極め，買うべき商品を選択する能力を高めている部分もある。

- メルカリ・エフェクト（メルカリの台頭による影響）は，商品買取・中古販売（リセール）市場やレンタル市場を急成長させている。さらに既存の小売業や製造業にもそれへの対応を促している。すなわち小売業は単に安いという価格戦略では顧客の支持を得られにくくなっており，製造業においても確実な価値の創造と伝達の重要性がいっそう高まっている。

1. 消費者個人間の商品売買市場の動向

　フリーマーケットなどリアルな場での消費者間取引市場は，以前から存在していたが，近年，ネットやスマートフォン（フリマアプリ）を活用した消費者個人間の商品売買取引を仲介する企業が増加し，オンライン型の中古市場が急速に成長している。その全体像が図 5-1 である。

1-1. 消費者個人間の商品売買市場のプレイヤー

　どのようなプレイヤー（企業・団体など）がいて，どのように動いているのかをみてみよう。

フリーマーケット

　フリーマーケットとは，「ものは，使える限り大切に」という，省資源・省エネルギーの思想と，環境保全まで含めた考え方から，不用品や再生が可能なものを公園や広場に持ち寄って売買・交換し，再利用を図る市民レベルの知恵として各地に広がった。

　「フリーマーケット」のルーツは，元来フランス各地で行われていた「蚤の市」といわれる[1]。また 1973 ～ 74 年の「オイルショック」を契機に，経済不況のなかで生活していこうとする人々の知恵で，以前から各地で行われていた「ガレージ・セール」などが見直され，新しい市民流通形式として活発となり，個人宅のガレージから集会場，集会場から公園へと規模を拡大してきた。そして，その集大成として形成されたものが「フリーマーケット」「オープンエアー・マーケット」と呼ばれる規模の大きなもので，アメリカではとくに天候に恵まれた西海岸を中心として全土に広がった。

　日本で初めて新しいスタイルとして登場したのは，1979 年 10 月に大阪市西成区津守のフロンティアランドにおいて「日本フリーマーケット協会」が開催した「第 1 回フリーマーケット」であった。本来「蚤の市」と訳される「Flea Market」を日本で開催するにあたり，誰もが気軽に参加できるように親しみをこめて「Free Market」と呼ばれるようになったという経緯がある。

図5-1 リセール・シェアリング関連市場の全体像

(注)　●は企業名（各事例の一例）。○はジャンル。
(出所)　筆者作成。

現在では，全国各地でさまざまな主催者によりフリーマーケットが開催されており，出店数20店舗ほどの小さなフリーマーケットから，1000店舗近くが出店する大規模なフリーマーケットまで，大小さまざまな規模のフリーマーケットが開催されている。たとえば，東京の明治公園，代々木公園，大井競馬場などの大規模会場で行われるフリーマーケットは人気があり，毎回多くの人で賑わっている。

フリマアプリ

「フリマアプリ」（フリーマーケット・アプリケーション）は，オンライン上においてフリーマーケットのように，主として個人間（C2C）による物品の売買を行える主にスマートフォン用のアプリ（モバイル・アプリケーション）である。

インターネット・オークションは出品者設定による初期価格から，入札者が希望価格を入札していき競り上がる形式なのに対し，フリマアプリ・サービスでは，出品者が設定した販売価格で購入者が購入できる仕組みとなっている。

また，代金の授受はフリマアプリ・サービスの提供事業者を介して行われる。具体的には，購入代金は先払いであるが，いったん事業者が預かり，商品が購入者に届いたことが確認された後に，事業者から出品者に支払われる[2]。

オークション／ネットオークション

出品者が商品の情報や売却条件を公開し，最高価格をつけた人がその商品を落札するという競売方式である。近年，インターネットの普及とともにインターネット上で開かれるインターネット・オークションが盛んになっている[3]。

1-2. 中古品買取・再販売

フリーマーケットでは，古着や日用品などさまざまなものが売買されているが，ほとんどが中古品ということで，格安な価格で商品を購入できることが大きな魅力となっている。なかには，古美術品・アンティーク品・ヴィンテージ品など，普通の人ではわからないような価値のある掘り出し物が出品されていることもある。

また店舗を構える中古品買取り・再販売の代表的な企業としては，「2nd ストリート」「ブックオフ」「コメ兵」などがある。

1-3. 市場規模・市場動向

日本のリユースおよびリセール業界の市場規模（2021年）は，C2C–EC，B2C中古品販売（実店舗およびEC）を含む2兆7000億円（『リサイクル通信』『中古市場データブック2022』）と推計される。

そのなかで，フリマアプリの利用を含むデジタルによる消費者個人間の商品売買市場，すなわちC2C–ECの市場規模（2021年）は，2兆2121億円，前年比112.9％（経済産業省推計）と伸長している。

消費者のフリマアプリの認知・利用は，女性10代（現在，利用していると答えた比率42.4％）・女性20代（32.7％），男性10代（34.3％）など若年層が高い（『リサイクル通信』2017年調査，経済産業省2018年報告書発表）。

また，フリマアプリで販売する目的は，「捨てるのがもったいないから」（70.0％），「小遣い稼ぎのため」（69.0％）が飛び抜けて高く，「物の友好活用を

したい」（37.3%）や「家の片づけをしたいから」（37.0%）などを大きく上回っている（大和総研2017年調査，経済産業省2018年報告書発表）という。

デジタルやアプリの普及を前提として，再販売（リセール）を予定して商品購入する消費者は，再販売により商品購入代金の一部／全部／それ以上を回収しているのである。すなわち，消費者の位置づけは，小売企業に対する消費者（B→C）（受け手）でなく，利用＋販売の主体者としての個人（C→C）ともなっているととらえるべきである。

2. メルカリの動向

スマートフォンに特化した消費者個人間取引（C2C）のためのマーケット・プレイスで，「フリマアプリ」の代表的な企業が「メルカリ」である。同社は，モノ（中古品）を売りたい出品者とそのようなモノ（消費者が以前使用した中古品）を買いたい購入者をマッチングさせ，つなぐ取引の仕組みを提供している。

メルカリのオンライン上で売買が成約したら，出品者から購入者へ宅配便などによってモノが届けられ，購入者はその代金を決済代行業者（メルペイなど）に支払われ，手数料として商品代金の10%がメルカリに入り，それを控除した商品代金が出品者に振り込まれるという流れである（図5-2）。メルカリは2013年からこの仕組みで運営を開始した。

2022年6月期のメルカリの連結業績は，売上高1470億円（前期比139%）であった。

メルカリの取引総額（流通総額）は，2022年6月期に8865億円（前年比113%，メルカリ2022年発表）である。ちなみに，この取引総額を個人間ECの市場規模（2021年2兆2121億円，経済産業省推計）で割ると，約40%となり，日本国内の個人間EC市場の約40%程度がメルカリによるものであると推計される。

2-1. メルカリ利用者（顧客）

メルカリの主力顧客は20代・30代の女性層である（メルカリ2018年発表データ）。前述のフリマアプリにおける認知・利用の調査結果と同じく，若い層，

図 5-2　メルカリ：取引関係の構図

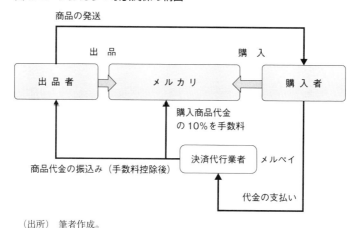

（出所）筆者作成。

とりわけ女性層に利用者が多い傾向にある。

2-2. メルカリ取引商品

　メルカリの取引総額（流通総額）を商品カテゴリー別にその特徴をみると，創業初期にあたる 2014 年 6 月期では，レディース，ベビー・キッズ，コスメ・美容など女性関連の商品カテゴリーが 52％の比率を占め，利用顧客層での女性層が多いことを反映した結果であることが窺われる。しかしながら，近年（2022 年 6 月期第 4 四半期）では，その比率は 27％へ減少し，一方エンタメ・ホビー（27％）やスポーツ・レジャー（8％）が増加し，商品カテゴリーの広がりがみられる。

2-3. メルカリの特徴（従来の中古品売買との違い）

　従来の店舗における中古品売買は，来店に時間を要することが多く，取扱商品が限定的であった。また買取業者が仲介するため，売り手と買い手の双方にとって価格が不透明という課題があった。インターネット・オークションを利用した中古品売買も出品が煩雑で難しく，入札プロセスに時間がかかる課題があった。

一方で，メルカリは，その特徴の第1として，スマートフォンの利用により誰でも簡単に商品を出品・購入できる。第2に，配送業者やCVSとの提携で，簡便かつ手頃な価格の配送オプションがある。第3に，出品者・購入者とも個人であるため取扱商品が身近なものであったり，ユニークな個人の趣味性があるものであり，消費者にとって不用品を手軽に販売し換金する楽しみ，ユニークな中古品を探す宝探しが体験できるものであることがあげられる。

2-4. メルカリの成長要因

メルカリの成長要因として，第1に，ネットワーク効果による自走的な成長があげられる。出品者・出品数が増えれば増えるほど，購入したい商品が増え，購入者・購入数が増加し（商品の流動性向上），さらに出品者・出品数が増える構図があげられる。

第2に，出品者が次には購入者になることの促進である。すなわち，商品販売で得た売上金をポイントに変換でき，さらに別の商品購入にあてられるため，メルカリで商品販売した出品者が，次の購入者になることが促進される。ユーザーの大部分が，出品者であり，購入者である。すなわち，双方でメルカリを利用することとなり，顧客ロイヤルティが高まる。そうなると，リピート・ユーザーの継続的な取引が増え，メルカリの流通総額が拡大するという流れになっている。

2-5. メルカリの最近の動向

（1） 利用顧客の拡大（潜在顧客の掘り起こし）とそれに伴う出品の強化

メルカリは，出品意向があるも未経験なメルカリ潜在顧客3610万人（メルカリ調査）に向け，使い方説明・体験，出品支援の拠点として，「メルカリステーション」を新宿丸井本館（2020年6月）などに開設した。また「メルカリ教室」（すでに全国333カ所，4800回開催，2万人参加。撮影・梱包ブース，簡単発送ブースなどその場で作業可能）や「メルカリポスト」（売れた商品を投函するだけで発送できる無人投函ポスト端末をパナソニックとともに開発）など手軽に利用できる環境であることをアピールし，実際の利用方法のアドバイス啓蒙を通じて顧客の増加，出品数の増加を図っている。

（2） 1次流通との連携

1次流通[4]のIDとメルカリのIDを連携することで，書籍などでは，バーコードやQRコードの読み取りから出品をしやすくし，1次流通の商品カタログ・データ連携により，メルカリでの出品・検索を簡単にした。

メルカリでは，中期的な展望として，①1次流通・2次流通の連携による循環型社会の構築，②2次流通（メルカリ）の購買・嗜好性データを1次流通（メーカー・小売）に提供することで，1次流通の製品開発，生産から販売までの最適化，需要予測を実現しようとする戦略方向を明示している。

3. メルカリ・エフェクト

3-1. 消費者の意識と行動

メルカリ台頭の影響（メルカリ・エフェクト）として，まず消費者への影響をみていく。

⑴ 購入する場合

メルカリ利用の浸透，日常化によって，①必要なものを必要なときに（期間に）「使用する」感覚，②中古品でもとくに抵抗感なく（合理的な消費意識），③古いものでも価値のあるものは価値を認めるという意識が顕在化している。

⑵ 出品販売する場合

①消費者の「価格」意識が高まる（購買だけでなく値付けまで），②自分が使用したものを高く売る，その収入をもとに，次のモノを買う（別の中古品を買う）意識や行動が活発化してきている。

3-2. 形成される新しい消費者意識

「メルカリ・エフェクト」として，消費者の意識にどのような影響を与え，変化をもたらしているかをみてみよう。第1には，消費者の製品概念の変化があげられる。従来のような新品至上主義でない，中古品でも価値のあるものを重視する意識が若い層をはじめとして顕在化してきている。「中古」は「ヴィンテージ」と名を変え，高付加価値商品に転換しているともいえる。たとえば，

スニーカーの商品評価や中古レコード（LP盤など）の再評価などの動きがある。

第2には，価格意識の変化があげられる。前述のように，売却を前提とした購入が一般化し始めており，「使用」「利用」の価値の意識が高まっている。消費者価格意識の捉え方も買う価格に加え，売る価格の意識が醸成されてきているといってよいだろう。

第3には，サステナブルな製品やそのような買い方，さらにそれらが日常化した形でのライフスタイルの追求があげられる。たとえば，製品のつくり方，つくる仕組みまで納得できるものか，時代の求めるかっこよさ（クール）か，ショッピング哲学に即したものかなども意識した購買意識・行動，生活意識・行動ということである。

3-3. 企業への影響

（1）　フリマアプリ市場の活性化と変化

メルカリの急成長を受け，多くの企業がフリマアプリ市場に進出した。しかしその多くが苦戦し，市場からの撤退も早く，その件数も増加した。

たとえば，「LINE　MALL」（2013年12月開始→16年5月撤退），「スチューディオ」（2013年10月開始→16年1月撤退），「ZOZOフリマ」（2015年12月開始→17年6月撤退）などがあげられる。

また，大手も新規参入した。ヤフー「ペイペイフリマ」（2019年10月開始），楽天「ラクマ」（2018年2月開始）などである。

（2）　ラグジュアリー・ブランドの動き

ラグジュアリー顧客層も，サステナブルの観点から，あるいはクールさをアピールするためにメルカリ利用を受け入れる傾向がみられる。つまり再販売を念頭にブランド品を購入し，大事に使い，売りに出すようになったのである。それに対し，「ケリング」や「エルメス」などラグジュアリー企業もサステナブル対応し始めた。たとえば，ラグジュアリー・ブランドとして，ものづくりの技，職人の伝統的な技術などのストーリーを訴求する動きである。

一方で，ラグジュアリー・ブランドよりも価格が手軽な「アクセシブル・ラグジュアリー・ブランド」への影響が深刻である。

表5-1 メルカリなど C2C モデルの概念整理

	従来の消費行動			新技術によって生まれた 新しい消費者行動 (リキッド消費)		
	購買・所有 (ソリッド 消費)	レンタル	共有 共同所有	アクセス・ ベース消費	共同消費／ シェアリン グ・エコノ ミー	一時的所有
財・サービスの 提供者	企 業	企 業	消費者	企 業	消費者	企業，消費 者
取引形態	二 者 間 B2C	二 者 間 B2C	複数者間 C2C	二 者 間 B2C	三 者 間 C2C	三 者 間 C2C, C2B
PF による仲介	な し	な し	な し	な し	あ り	あ り
所有権の移転	あ り	な し	な し	な し	なし／あり*	あ り
取引・消費 関係の期間	長 期 的	中期〜 短期的	長 期 的	短 期 的	短 期 的	短 期 的
交換の性質	経済的交換	経済的 交換	社会的交換	経済的交換	経済的交換・ 社会的交換	経済的交 換・社会的 交換
事 例	店舗で商品 を購入	レンタカー	姉妹で服を 共有	ジップカー	ウーバー，エ ビーアンド ビー	イーベイ， メルカリ

(注) ＊では，共同消費に関して所有権の移転ありとする論文となしとする論文がある。
(出所) 山本 (2021)。

(3) 既存小売業の対応

　既存小売業では，レンタル・ビジネスを始める動きがみられる。衣料品で，ストライプインターナショナル (「メチャカリ」)，大丸松坂屋 (「アナザーアドレス」) やアダストリア (子ども服)，東京ソワール (フォーマル・ウェア)，青山商事 (フォーマル・ウェア) などである。家具のレンタルについては，無印良品などの取組みが始まった。

4. C2Cモデルの今後

4-1. 消費者動向の展望

　メルカリが潜在顧客に向け，出品につながるようにアプリの使い方を説明・体験してもらうような出品支援の拠点として「メルカリステーション」を設け，「メリカリ教室」を開催して啓蒙したり，「メルカリポスト」の端末開発，宅配便やコンビニエンス・ストアとの連携を増やし手軽に利用できるように促している。この動きを受けて，若い層にとどまらずシニア層にも利用が広がってきている。シニア層のように家財道具が多く，また趣味のコレクションも多い生活様式から推測すれば，今後さらに中古市場の商品魅力は高まっていくと思われる。

　新品至上主義，流行トレンド重視の「成長時代」から，ストック・コレクション価値重視，自分の嗜好で発掘する喜びを生活の充実とするような「成熟時代」へ，消費者の生活価値観・生活様式が変化し，C2C市場は，ますます広がっていくと推測される。

4-2. 企業動向の展望

　C2Cモデルの発展のなかで，これからの企業に求められるのは，下記のようなチャレンジではないだろうか。

中古品──ヴィンテージ品という価値転換の活用

　消費者意識の変化でみたように，従来の中古品は今や「ヴィンテージ品」という高い価値に転換しており，そのことを活用していくことが今後のポイントとなるだろう。これまでの，新作がよいこと，流行に乗ることがよいことであるとする成長時代の価値観ではなく，成熟時代を迎えた今の価値観での製品価値や，品揃え編集価値の創造，その伝達・提供が求められている。

新品と中古品のミックス──コーディネート販売

　海外の書店や家具店などですでにみられるような，新品と中古品がミックスした品揃えやコーディネート販売が一般化していくことが日本でも予想され，それぞれの価値をしっかり認識した販売員の知識習熟，人材育成も重要となる。

新しいフリーマーケットのあり方

　PASS THE BATON（パスザバトン）は，個人の想い出品・愛用品を集め，次に大切に使ってくれる利用者へバトンするという趣旨でセレクト・リサイクル・ショップを運営してきた。近年では，企業の商品倉庫に取り残された在庫品や規格外品に着目し，フリーマーケット形式の場を設け，企業に出店を呼びかけ，そこで企業の社員が消費者に販売する「PASS THE BATON MARKET」を開催し始めた。企業を巻き込む新たなフリーマーケット運動の広がりとみることができる。

　正確には C2C ではなく，B2C のアウトレット・チャネルの1つといえる形態であるが，来場の消費者も販売する社員も「学園祭」のようなノリと興奮のなかで交流と購買が楽しめる，リアルならではの形態として注目される。消費者の出店だけではない，企業も社員をサークル的に（消費者のような感覚で）参画する意味で，新しいフリーマーケットのあり方ともいえる。

消費者間，企業間を束ねる運営団体・企業の機能発揮への期待

　メルカリのようなフリマアプリの登場は，まさにデジタルで売りたい人と買いたい人をつなぎ，仲介・マッチングさせる新機能であった。このような仲介・マッチングは，本質的に「流通機能」そのものである。デジタルがプラットフォームになって中古市場・消費者間流通が急成長した。そのような仲介・マッチング機能は，リアルなフリーマーケットにも今後適用されていけば，そして企業の出品も巻き込んでいけば，さらに大きな消費潮流に発展していくものと予想される。

注 ───────────

1 日本フリーマーケット協会ウェブサイト（http://freemarket-go.com/about.html 2022 年 7 月 17 日入手）。

2 ウィキペディアによる（https://ja.wikipedia.org/wiki/%E3%83%95%E3%83%AA%E3%83%9E%E3%82%A2%E3%83%97%E3%83%AA　2017 年 7 月 17 日入手）。

3 Weblio 辞書による（https://www.weblio.jp/content/%E3%82%AA%E3%83%BC%E3%82%AF%E3%82%B7%E3%83%A7%E3%83%B3　2022 年 7 月 17 日入手）。

4 メーカーによる一般的な新品の生産，商業者による消費者への販売を 1 次流通と呼ぶ。消費者の購入・利用後の中古品の流通を 2 次流通と呼び，区別する。

第**6**章

SDGs モデル
——サーキュラー・エコノミーによる革新——

この章で学ぶこと／考えること

- 消費者の修理（リペア）・再利用（リユース）や，消費者間での中古取引
（C2C），企業による製品の回収・買取り，再販売（リセール），再生産（リ
メイク）・再活用（リサイクル）などの動きを含めて，モノを無駄にしない
生産・消費・回収のサイクルを「サーキュラー・エコノミー」（循環型経
済）ととらえる。

- 製造業は，それを前提とした資源活用・製品製造で新たな価値を創造し，
小売業は，従来のような消費者への最終の流通末端機能にとどまらず，使
用後のモノの回収拠点という新たな機能を発揮する。企業の諸活動がサー
キュラー・エコノミー体系のどこに位置づけられ，どうつながっているの
かを理解し，取り組むことが重要である。

- また 2030 年までの SDGs（持続可能な開発目標）達成に向け，自ら（自社）
の取組みはもとより，取引関係先や地域とも連携した活動とするとともに，
それらを実践することで，新たな経済を創造していくことが望まれる。

1. サーキュラー・エコノミー（循環型経済）

1-1. サーキュラー・エコノミーとは[1]

　従来の経済システムは，一般に企業が資源を採取し，それらから製品を生産し，消費者が消費および利用した後，不要となった製品を廃棄するような一方通行型の流れだった。

　それが長年続いたため，天然資源の枯渇，CO_2 排出による環境問題，森林伐採や生態系破壊，廃棄による環境汚染などが発生し，そのシステムの持続が難しい状況になりつつある。

　そこで今後は，新規の天然資源を採取せず，既存資源の活用（リサイクル）のみで生産され，長くモノを利用し続ける循環型の経済システムへの移行が求められている。その経済システムが「サーキュラー・エコノミー」（循環型経済）である。サーキュラー・エコノミーの特徴は，従来の経済システムとの比較から図 6-1 のように示される。

1-2. サーキュラー・エコノミーを構成する要素

　消費者の消費・使用が完了した時点から，下記のようなプロセスに沿って説明できる（図 6-1）。そのなかで，生産側から消費側へ向かうモノの流れである「流通」を，人間の血流が心臓から手足末端までに流れていくことになぞらえて「動脈」ととらえると，その逆に消費側が使用して不要になった商品を回収し再利用や再販売したり，素材分解などにより再資源化するような，消費側から生産側に至るモノの流れを「静脈流通」ということができる。

製造業（メーカー）が担うプロセス
　メーカーは，使用済製品を廃棄物として処分するのではなく，それを次なる製造プロセスに活かす活動を行う。
　（1）リサイクル
　「リサイクル」（recycling）は，使用済製品（廃棄物）を収集運搬業者が回収し，

図6-1 従来の製造・流通と「サーキュラー・エコノミー」の考え方

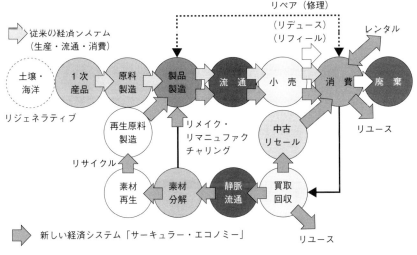

（出所）筆者作成。

さらにリサイクル業者がそのような廃棄物を新たな付加価値に変換し，資源として活用することである。たとえば，JEPLAN（ジェプラン）などはこのようなリサイクル業者の代表例であり，メーカーがさらに次の製造サイクルで活用できるような再利用可能な原料に精製し，メーカーの原材料調達につないでいく活動に取り組んでいる。

(2) リメイク／リマニュファクチャリング

「リメイク」（remake），「リマニュファクチャリング」（remanufacturing）は，企業が廃棄品の一部を新たな製品製造の資源として活用することである。製品を構成する部品から再利用できるものを集めたり，再生処理を行って製品としての価値を回復させ再出荷したりする。

大規模な生産工程を伴う製造でのリマニュファクチャリングもあれば，古呉服を洋服に変えるような製品化や，古家具・古材の活用による家具製造・建築利用などの消費者に身近なレベルのリメイクも，同様にこのプロセスでとらえられるのではないだろうか。

（3）　リペア（修理）

　リペア（repair）は，故障した製品の付加価値の復元・修理で対価を得ながら製品の長期利用を促すことである。たとえば，EU（欧州連合）では，家電メーカーに10年間の修理受付義務を課し，消費者が修理に関する情報にアクセスできるようにすることを求める「修理する権利」が採択され，この動きが促進されている。

　経年劣化した製品，初期不良があった製品の価値を回復して，再び流通ルートに乗せる，あるいはアップデートし対価を得ながら，製品の長期利用を促すビジネスモデルを，「リファービッシュ」（refurbishment：価値の回復）と呼び，リペアの一種としてとらえることとする。

小売業などの販売・流通活動

　ここでは，(4)リセール，(5)リフィール，(6)レンタル，(7)リデュースが位置づけられる。

（4）　リセール

　中古製品を再販売することがリセール（resale：再販売）である。第5章でみたように企業が中古品を仕入れ，商品を吟味選択したうえで改めて消費者に販売する場合や，フリーマーケットやフリマアプリ「メルカリ」を通じて消費者が相互に売り買いする場合などがある。

　アメリカなどでは，すでに，Z世代と呼ばれる若い世代が好んでリセールのファッション・アイテムを購入するようになり，その傾向がZ世代以外にも広がり，リセール購入は，サステナブルで賢い購入方法として認識されるようになった。対象商品の拡大，事業者の増加・多様化については，第5章で述べたとおりである。消費者も使用後に商品を再販売することを織り込んで新品を購入するなど，新しい価値観がみられることも特徴である。

（5）　リフィール

　リフィール（refill）とは，製品の容器はそのままに中身を詰め替えたり差し替えたりするためのもので，そのような方法で，容器を継続的に利用して資源の無駄使いをしないことをめざすものである。たとえば，文房具でボールペンなどの替え芯やバインダー式ノートの用紙など，また洗濯用洗剤，シャンプー，

リンス，ハンドソープなどの詰め替え用パックなどがあげられる。

　食品でも米や小麦，コーヒーなど，あらかじめ量が決められて販売される規格品でなく，消費者が自分にとって必要な量だけを測って購入できるようにした「バルク」型の販売方式も，スーパーマーケットで多くみられるようになってきた。

　リフィールは，従来の標準的な規格品，つまりパッケージ・グッズとは違う製品形態での提供となるわけで，その在庫保管，メーカーから小売への物流なども従来とは大きく変わってくることに留意する必要がある。

　(6)　レンタル

　耐久財における賃貸借の1つで，普通は比較的短期のものをレンタル（rental）といい，長期のリース（lease）と区別する。レンタルは消費者個人向けで，自動車（レンタカー）をはじめ，ビデオ・DVD・CD，ブライダルやフォーマル・ウェア，スキーやゴルフの器具，バーベキューなどのレジャー用品などで行われている（リースは企業向けの工作機械，設備などの資本財が中心で，特定の顧客に貸付物件を新調して貸す点が特徴である）。

　(7)　リデュース

　リデュース（reduce）とは，英語で「減らす」という意味で，環境用語としては「無駄なごみの量を減らすこと」を指す。小売業での販売時の過剰な包装や，レジ袋や食品トレイ・パッケージを減らすことなどがあげられる。

　消費者側では，ごみになるものをもらわない，必要以上に買わない，マイバッグやエコバッグを利用する，紙皿，紙コップ，割りばしは買わない・もらわない，マイ箸・マイカップを持ち歩くなどの行動がリデュースにあたる。

消費者の意識と行動

　前述のリデュースによる消費者行動に加え，(8)リユースも対象と認識される。

　(8)　リ　ユ　ー　ス

　リユース（reuse）とは，英語で「再使用」という意味の単語で，使用済みの製品をごみにせずに繰り返し使うことを意味する。「1つのものを捨てず大切に使うこと」が文字どおりの意味で，リユースを可能にする製品の提供，修理などのアフターサービス，他人への譲渡などにより，1つのものが複数の人間

に長く使われることもリユースに含まれると考えられる。

　以上，みてきたように，①消費者自身での再利用（リユース），②消費者と小売業間での修理（リペア）・再販売（リセール），③メーカーに回収されて再製造（リマニュファクチャリング），④メーカー以前の製造段階としての素材メーカーに戻る資源循環（リサイクル），といった4つのサイクルでサーキュラー・エコノミーが回っていることが認識できる（図6-1）。

1-3. システム全体のデザイン

　次のような観点で経済システム全体を俯瞰し，サーキュラー・エコノミーを設計し，実践することも重要で課題とされている[2]。

エコ・デザイン（環境と経済性を両立させる設計）

　エコ・デザインとは，事業の提供価値，経済性は変えることなく，設計を通じて資源利用を最小化することで，コスト削減・利益率向上を図り，競争力を高めるビジネスモデルである。リユースやリサイクルしやすい商品設計，材料選定などが具体策としてあげられる。

　再生プラスチック100％の素材を活用した製品や分別回収されやすいラベルレスのペットボトル，単一素材での設計，修復して使い続けられるようにモジュール化した製造などが該当する。

産業共生

　ある事業で出た廃棄物を別の事業の資源として活用し，新たな価値を生み出すビジネスモデルを「産業共生」（インダストリアル・シンビオシス〔industrial symbiosis〕）と呼ぶ。アップサイクル（不要になったものの価値を高めること）やリファービッシュメント（不良品や中古品を新品に準じる状態に再生すること）と一体化した動きが必要となる。

　たとえば，パン工場から出るパンの端材を原料に，クラフトビールをつくるアップサイクルの事例などがあげられる（シンガポール発のフードテック企業「クラストジャパン」など）。

製品を使い切る経済モデル（ファンクショナル・エコノミー）

　ファンクショナル・エコノミー（functional economy）とは，共有や譲渡を通じて，既存製品の機能・価値を無駄なく使い切ることを促進し，そのプロセスで新たな対価を得るビジネスモデルである。ネット・オークション，メルカリ，ヤフオク，イーベイや，未使用食品マッチング，ウーバー，エアビーアンドビーなどの事業の他，遊休資産の活用が含まれる。

カーボン・ニュートラル

　「カーボン・ニュートラル」とは，温室効果ガスの排出量と吸収量を均衡させることを意味する。「排出を全体としてゼロ」というのは，CO_2 をはじめとする温室効果ガスの「排出量」（人為的なもの）から，植林，森林管理などによる「吸収量」（人為的なもの）を差し引いて，合計を実質的にゼロにすることを意味している。カーボン・ニュートラル達成のためには，温室効果ガス排出量の削減ならびに吸収作用の保全および強化を行う必要がある。

　2020 年 10 月，日本政府は 2050 年までに温室効果ガスの排出を全体としてゼロにする，カーボン・ニュートラルをめざすと宣言した。

コレクティブ・インパクト

　「コレクティブ・インパクト」（collective impact）とは，アメリカのコンサルティング会社 FSG のボード・メンバーである J. カニアと M. クラマーが 2011 年に発表した論文 "Collective Impact" のなかで提唱した概念である。複雑化し，1 つの組織では解決が難しくなっている課題解決のために，行政や企業，NPO や自治体などの参加者（プレイヤー）がそれぞれの枠を越えて協働し，さまざまな社会課題の解決に取り組むことで集合的（collective）なインパクトを最大化すること，あるいはその枠組みを実現するためのアプローチを意味する。

　その実施のために重要なこととして，①共通のアジェンダ（common agenda），②評価システムの共有（shared measurement），③相互の活動の補強（mutually reinforcing activities），④継続的なコミュニケーション（continuous communication），⑤活動を支えるバックボーン組織（backbone organization）があげられている[3]。

1-4. サーキュラー・エコノミーに関わる海外の取組み

（1） ヨーロッパで進行するサーキュラー・エコノミーの行政の取組み

ヨーロッパでは，さまざまな政策が打ち出され，サーキュラー・エコノミーへの移行に向けた動きが活発化している。

たとえば，フランスでは，製造業者に対して製品のリサイクル性向上，リサイクル材の使用，長寿命化といった環境配慮設計を促すことを目的として，リサイクル料金の調整制度を導入した。適用対象となるのは，電気・電子製品，包装，紙，織物，家具で，製造業者の環境配慮設計に応じて，負担金が軽減される仕組みである。この制度に合わせて長寿命でリサイクル性を重視した製品が増えれば，消費者が近隣の修理業者を利用する機会も増え，それに伴う修理市場の拡大，地域雇用の創出という効果も得られる。

（2） サーキュラー・エコノミーのまちづくりへの適用[4]

サーキュラー・エコノミーは，製品の開発・製造，小売・サービス，物流などのビジネス，そして自然環境や地域のコミュニティに関わることであり，この点でスマート・シティのコンセプトとも整合しており，今後，都市のビジョン策定においては必須のコンセプトとなる。

実際，オランダのアムステルダムでは，自らのまちづくり戦略にサーキュラー・エコノミーのコンセプトを融合させ，独自の都市ビジョン「Circular Amsterdam」を打ち出している。アムステルダムは，世界で初めて「サーキュラー型スマートシティ」を宣言した都市で，域内外のステークホルダー（民間企業，研究機関，市民団体，環境NGOなど）と連携を図りながら，スマート・モビリティ，廃棄物の再資源化，再生可能エネルギー，雨水の再利用，研究開発など，多様なプロジェクトを展開している。

（3） サーキュラー・エコノミーに関わる主な海外企業の取組み

「ケリング」[5]は，フランス・パリが本拠地で，「アレキサンダー・マックイーン」「バレンシアガ」「ボッテガ・ヴェネタ」「グッチ」「サンローラン」など20のファッション・宝飾品のラグジュアリー・ブランドを多数保有するグ

ループである。

　ケリングは，2015 年にサステナビリティ経営の新戦略を打ち出し，企業活動の水・土地への影響を評価することによって（2017 年），2025 年目標を策定（環境負荷 40% 減・温室効果ガス 50% 削減）し，「環境損益計算書」（EP&L）を作成開始した（2017 年）。サプライチェーン全体の CO_2 排出量，水使用量，大気汚染など，事業における環境負荷を可視化・定量化し，環境負荷は貨幣価値に換算され，持続可能な事業戦略に役立てる。そうしてできあがった「環境損益計算書」は，スマートフォンから製品別の負荷を把握できる。

　また，ケリングの「ファッション協定」は，2019 年フランスでの G7 サミットで発表され，一躍脚光を浴びた。具体的な内容としては，ファッション業界全体の環境負荷低減を目標に，科学的根拠に基づく計画と実践を盛り込んだイニシアティブであり，14 カ国，200 以上の企業・ブランドが署名した（2021 年 4 月現在）。ファッション協定には，グッチ，ステラ マッカートニー，プラダのほか，シャネル，バーバリー，アディダスなどの有名ブランドが参画し，環境への提言やメッセージを発信している。日本企業では 2020 年にアシックスが初めて参画した。

　またヨーロッパの百貨店の取組みも活発である。たとえば，イギリスにあるセルフリッジ百貨店の「プロジェクト・アース」は，サステナブルな認定を得た素材のみを扱うようにする商品の修理（repair），再販（resell），詰め替え（refill），レンタル（rental）の 4R を推進する循環型モデルを構築した。この取組みを社内チームと取引先，顧客と連携した意識改革を 3 本柱に，さまざまな角度からサステナブルな百貨店をめざす（『繊研新聞』2021 年 8 月 21 日付）。

　また，フランスにあるプランタン百貨店の「セカンド・プランタン」は，ヴィンテージ・エディターを起用して，トレンド性の高い高品質のセレクトを展開している。不要になった服や服飾雑貨の持ち込みには，査定と買取りを行う。環境に配慮した商品にラベル付けして販売し，モノの循環をフロアのなかで実現する試みである（『FIGARO』2021 年 10 月 19 日付）。

　以下に，日本で事業展開する企業で，とくにサーキュラー・エコノミー活動が顕著な 2 社の事例をみていくこととする。

図6-2 JEPLAN「BRING」のサーキュラー・エコノミーの流れ（考察）

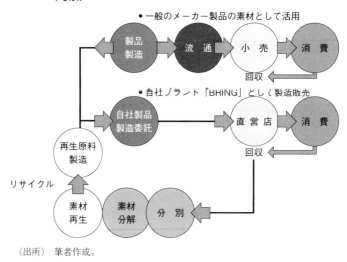

（出所）筆者作成。

　静脈流通の担い手として注目される「JEPLAN（ジェプラン）」（第2節）と，資源利活用を超えて製品原料を栽培する土壌や海洋にも取組みを広げ，リジェネラティブの活動も進める「パタゴニア」（第3節）である。

2. JEPLAN（ジェプラン）

2-1. ファッション分野における回収・再生・再販売のビジネスモデル

　JEPLANは回収・分解・素材再生・再生産・販売の循環サイクルを「BRING」という名称でブランディングし，その趣旨に共感する企業を巻き込んで，その活動に取り組んでいる（図6-2）[6]。2022年5月時点でのBRING参加企業は，ファッション・アパレル，スポーツウェアなどで約300社に及んでいる。

（1）回　　収

「BRING」参加企業は，共通のハチのマークを掲げながら店舗や事業所に回収ボックスを設置し，衣料品などを回収する。回収された製品は JEPLAN の工場に送られる。BRING 参加企業にとって，店頭への回収ボックス設置は SDGs 活動のアピール，顧客の来店機会増につながるものと考えられる。

（2）回収から再生原料——素材へ

JEPLAN が回収した衣料品は，工場で素材別に仕分けされ，ポリエステル衣類は同社のケミカル技術に基づき，再生ポリエステル素材に再生される。

解重合：エチレン・グリコール溶液中でポリエステルを解重合してポリエステルモノマー（BHET）を製造する。

脱色・精製：BHET を精製し，染料を含めさまざまな不純物を除去する。

重合：BHET を重合してポリマー化しポリエステル（PET）樹脂を製造する。さらに PET 樹脂を糸にしてポリエステル素材に再生する。

（3）再生素材を利用した製品化と販売

JEPLAN は，再生ポリエステル素材を，素材メーカーに販売する。素材メーカーがポリエステル糸や生地を作成し，それをファッション・アパレルやスポーツウェア・メーカーの製品製造・販売といった一般のプロセスで「再生素材利用」衣料品が，再び消費者が購入するという流れである。こうして，「服から服の循環」が実現されるのである。

2-2. JEPLAN の独自性について[7]

（1）ケミカル・リサイクルの独自技術

JEPLAN は，物理的な製品の再加工によるリサイクルではなく，製品の原材料である分子，構成要素まで化学的に分解し（解重合し），それを重合し新たな製品原料にして，そこから製品を製造するというケミカル・リサイクルを行っている。その技術こそが同社の独自技術であり，重要な特徴となっている。

この独自技術を 2015 年に開発し，ポリエステル繊維（繊維市場の約 6 割を占めるといわれる）の再生を可能にし，衣料品への再生を実用化とした。

(2) 自社アパレル・ブランドとしての「BRING」

　JEPLAN 自ら，自社アパレル・ブランド「BRING」を立ち上げ，再生ポリエステル糸からの製品開発と製品化を行い（縫製製品化は別企業に委託），EC サイトおよび直営店（東京・恵比寿，2021 年 11 月から）で販売するというダイレクト・トゥ・コンシューマー（D2C）型の販売モデルとなっている。

(3) ブランディングおよびマーケティング活動の特徴

　マーケティングの観点で付け加えるならば，JEPLAN は，岩元美智彦会長自らが，価値伝達活動の最前線に立ち，コミュニケーションに力を入れている。一例として再生燃料で映画『バック・トゥ・ザ・フューチャー』で用いられた車「デロリアン」を動かすというイベントを開催し，消費者に製品回収・リサイクルを喚起し，回収活動を活発化しようとしている。とくに，楽しくサーキュラー・エコノミーに取り組めるような風土づくりのコミュニケーションに熱心である。

3. パタゴニア──製造・販売をトータルで担う企業の静脈流通の取組み

3-1. パタゴニアの企業概要

　「パタゴニア」は，アメリカ・カリフォルニアを本拠地とするアウトドア・アパレル企業（1973 年創業）である。山のアウトドア（フリース，ダウンジャケット，パーカ，パンツなど）・クライミング用品，海のサーフ関連商品（ボード，T シャツ，水着など），加工食料品などを製造・販売している。アパレル MD では，メンズ・レディス・キッズ向けに品揃えしている。

　2020 年現在，北米，ヨーロッパ，日本，オーストラリア，チリ，アルゼンチンに支社をもち，北米 40 店舗，日本 22 店舗，その他の地域 35 店舗を展開する。日本国内ではアウトレット含め 22 店舗の直営店以外に，卸売を通じた各種専門店での展開や EC 通販事業を行っている。カタログも充実させ，商品にとどまらず，自然環境保全活動も発信している。

3-2. パタゴニアの商品開発と営業面の取組み

　パタゴニアは，石油由来の素材を使わない世界初のウェット・スーツ，環境に有害な合成インディゴの使用を抑えたデニムの開発（2018年）に取り組んできた。CO_2 は原料となる作物を育ててから製品として出荷するまでの工程で，全体の97％が排出されており，そのうち86％が原料の生産過程で排出されている。そのため，CO_2 の排出量を44〜80％削減できる繊維のリサイクルに力を入れている。

　またパタゴニアは2025年までに，リサイクルした原料や再生可能な原料のみを使用することを決定した。2019年秋時点では，全体の69％がリサイクルされた原料を使用した商品だという。

（1）　商品開発と商品保証

　パタゴニアのウェアは，防寒・防水・紫外線防止・速乾性などの多機能性や，修理のしやすさにまで及ぶ「品質のためのデザイン」10条件での満点をめざし，毎年全製品を評価し改善している。提供した製品に問題点があれば，修理・取り換えをするという製品保証を行っている。

（2）　不必要な悪影響を最小限に抑える取組み

　「責任ある原料」ということで，リサイクル・ダウン，リサイクル・ナイロン／ポリエステル，オーガニック・コットン，ユーレックス天然ラバーなど，人と地球に与える影響を減らす原料を使用している。良い労働環境を提供するとの認証済みの工場との提携を拡大しフェア・トレードに取り組み，その状況を情報公開し，「フットプリント・クロニクル」と呼ばれる自己点検活動を行っている。サプライチェーンにおける透明性を利用して，社会と環境に与える悪影響の削減に産業規模で役立てる活動を行っているのである。

（3）　「Worn Wear」キャンペーン

　「Worn Wear」キャンペーンは，「着ることについてのストーリーを祝い，ギアを長く使い，修理不能になったパタゴニア製品を簡単にリサイクルする方

法」を提供するプログラムで，2018 年からグローバルに展開している。店舗でのWorn Wear イベントや，SNS 上でのWorn Wear ストーリーの投稿に対してWorn Wear ワッペンを贈呈するなど，「Worn Wear Tour」というキャラバン形式の活動（2019 年）を行っている。パタゴニアが大学キャンパスや雪山などをトラックで回り，他社製品も含めて，無料修理することを各地で推進し，消費者がWorn Wear 活動に参加することで，環境に貢献していることを実感できる仕掛けになっている。

（4） オーガニックを超えて「リジェネラティブ」農法の実践へ

パタゴニアは，気候変動阻止に役立つ可能性があるとされる「リジェネラティブ・オーガニック」農法をインドのコットン栽培農園（150 農園）で開始（regenerative agriculture）している（図 6-3）。

綿の木の間に，間作物（ウコンや唐辛子，落花生など）を植え土壌を改良しており，植えた間作物は副収入にもなる。この農法へ移行する農家を 3 年間支援している。これは，炭素を土壌に封じ込める農法で，他の農法に比べ温室効果ガスを削減する可能性がある。

そして，このリジェネラティブ農法で栽培したコットンから，T シャツなどが開発され販売されている。

（5） 「パタゴニアプロビジョンズ」──ビールの開発・販売の背景

地球を枯渇させるのではなく，修復し，風味豊かで栄養価の高い食品で満たされた未来とするために，何を栽培したら土壌改良に効果的なのかを検討し，その結果，多年生穀物（カーンザなど）を栽培することに至った。

その栽培から生み出されたのが「クラフトビール」で，それを「パタゴニアプロビジョンズ」という食品シリーズで販売している。決してアウトドアで楽しむ食品として開発されたのではない，というのが最も重要な点である。

（6） パタゴニアのコミュニティ活動──その事例としての「アクティビズム」

「アクティビズム」（activism）とは，環境問題への実際行動を，パタゴニアとその仲間たちとともに起こしていこうとするもので，「行動を起こすこと」を

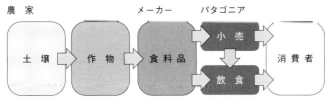

図6-3　パタゴニア食料品の開発→フードチェーン視点での自然環境
　　　　づくり

農　家　　　　　　　　　　　　メーカー　　　パタゴニア

土　壌　→　作　物　→　食料品　→　小　売　→　消費者
　　　　　　　　　　　　　　　　　　↕　飲　食　→

• 大気中の炭素　• 多年生穀物　• クラフトビール
　を土に封じ込め　カーンザ
　土壌内の生物
　多様化を促す
• 大気中の窒素　• オーガニック　• オーガニック
　を土に封じ込め　ビーン（豆類）　レッド・ビーン・チリ
　土壌内の生物　　　　　　　　• オーガニック
　多様化を促す　　　　　　　　　ブラック・ビーン・スープ
• 土壌流出の防止

（出所）　筆者作成。

促すパタゴニアのコミュニケーション施策の1つである。

　具体的な実践としては，以下がある。「グローバル・スポーツ・アクティビ
スト」——スポーツ・コミュニティのなかでパタゴニアの価値観を実践する活
動家のストーリーを紹介する。「Vote Our Planet（私たちの地球のために投票）」
キャンペーン——環境政策を変えるために選挙に行くことを促し，選挙当日，
店舗を休業して選挙に行くことを実践推奨する。「クライメート・アクティビ
ズム」——気候変動問題に関心を持ち行動を起こしたいと考える日本全国の
15 〜 24 歳の若者を対象にした学校などがあげられる。

（7）　クリーン・ネストライン

　パタゴニアの製品や環境活動に関して「対話」をするブログ型のオンライ
ン・コンテンツで，パタゴニアの事業活動に対して，ユーザーから直接声をも
らうことで，より良い製品づくりにつなげようという取組みである。パタゴニ
アのものづくりにユーザーを巻き込みたいという意図を強く感じるコンテンツ
で，アプリ会員へのeメール，メルマガ，SNSにより顧客に配信される。

【コラム】「リジェネラティブ」な取組みの発展

　パタゴニアが行うコットン栽培などで土壌の改良や保全の段階まで見据えた「リジェネラティブ」（環境再生型）な取組みは，今後の広がりの期待などの観点から注目される。

　アメリカ・オレゴン州ポートランドでも，「フォーティセブンス・アベニュー・ファーム（47th Ave. Farm）」という農園がある。ローラ・マスターソン（Laura Masterson）という女性が運営する農園である。ローラの農法の特徴は，土壌のサステナビリティを十分考えた耕作を設計して，農業が営まれていることである。たとえば，休作中の畑に炭素を還元する草と，窒素を還元する豆類を茂らせ次の耕作に備える。それによって肥料を半減できるという。馬を2頭使って土地を耕す農法も実施している。土壌はとても複雑で雑草の処理も重要である。また同じ作物を連作しない工夫をしている。冬野菜は大根，キャベツ，カリフラワー，ブロッコリーなどを栽培している。夏は，ポテト，ビーツ，ニンジン，ナスなどを栽培し，その事前の「カバークロップ」としてスーダングラス，コーン，そば，ニンニク，ガーリック，アマランスなどを考えて栽培している[8]。

　小売企業が上流の，さらに上流まで関与するような流通の仕組みも，新しい流通の本質的な取組みになっていくに違いない。

　また別の事例として「ROTARO」（ロタロ）がある。これはイギリスのファッション・レンタル企業で，旅行中の滞在者の服装をレンタルで提供するショップである。利用顧客は旅行先に衣服をたくさんもっていかず，現地でレンタルして着こなす。そのことで旅行荷物を減らし，ひいてはそのライフスタイルが浸透することで，交通機関のCO_2排出削減になるという狙いである。これまでのソリューションを越えた価値提供ととらえられる。

　このように，リジェネラティブなことの実現には，大きな枠組みで大胆に発想するような構想力が求められている。

4. SDGs の取組み

4-1. SDGs の基本認識

「SDGs」とは，2015 年に国連が全会一致で採択した「Sustainable Development Goals」（持続可能な開発目標）の略称で，持続可能な開発，すなわち，将来世代のニーズに応える能力を損ねることなく，現在世代のニーズを満たすために設定された社会・経済・環境の目標のことである。具体的には，「貧困をなくす」「気候変動に具体的な対策を」「産業と技術革新の基盤をつくる」など 17 項目と，それらを達成するための 169 のターゲットで構成されている（図 6-4）。

それらについては，行政・企業・市民の各レベルで，そして連携して取り組むことが要請されている。

4-2. 企業の SDGs へ向けた取組み

企業の SDGs へ向けた取組みは，工場や事業所が所在する「地域に向けて」

図 6-4 2030 年＝ SDGs の目標年に向けた努力

• SDGs（持続可能な開発目標）
サステイナブルな社会・環境・経済の実現へ向け，17 領域について行政・企業・市民各レベルで取り組むことが要請されている

「本業を通じて」の活動に多くの具体的な事例をみることができる。たとえば，石けん・洗剤メーカー「花王」や化学メーカー「クラレ」が，両社の工場施設が所在する愛媛県西条市において行う地域への働きかけ活動プログラムがある。西条市が行政目標とし，実現しつつある「充実した子ども教育・子育て生活環境」という地域価値をいっそう高めることにつながり，その点で地域活性化に貢献しているととらえられる。

　一方で，大手企業が行う地域対応としての芸術文化活動やスポーツ・イベントへの金銭的な寄付，文化・スポーツ施設など「器」の建設といった直接的な貢献（図6-5では「直接的なSDGs」と表記）は，長期的にみて地域住民の文化教養意識や社会意識の醸成につながらず，活かされない，いわば「宝の持ち腐れ」になっているという現実が課題となっている地域事例もある。

　そうした実態を踏まえるならば，企業の地域へのSDGs的な働きかけは，「直接的なSDGs」の取組みよりも，企業の本業に関係するテーマで，地域住

【コラム】　CSR と CSV と SDGs

(1)　CSR：corporation social responsibility（企業の社会的責任）

　一般に唱えられた順に述べると，まず「CSR」は，企業が社会的に存在するうえで果たすべき責任のことで，コンプライアンス（法令遵守）や環境マネジメント，フィランソロピー（文化・社会貢献的活動）など，本業の周辺の活動・施策を指すともいえる。

(2)　CSV：creating shared value（共通価値の創造）

　「CSV」は，企業における経済的な価値創出だけでなく，社会との共有の価値を創造していくことをめざすものであり，社会価値を生み出すためにさまざまな活動を自らが積極的に起こし，協業していくものとされる。まさに，本業を通じて実現する活動といえる。

　「CSR」も「CSV」も企業が取り組むテーマであるが，SDGsは企業だけでなく行政も地域市民もすべての人・セクターが取り組み推進していくものと位置づけられる。

図6-5 シチズンシップを醸成するSDGs取組みの重要性

● 地域への寄附・投資などの「直接的なSDGs活動」と，市民のシチズンシップを醸成・支援する「間接的なSDGs活動」がある

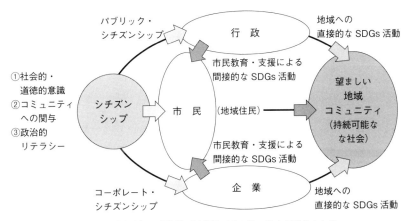

（注） 企業にとっての「地域」は事業所／原産地／その他の場合が考えられる。
（出所） 筆者作成。

民への継続的な教養の提供や住民意識を醸成するような活動（「間接的なSDGs」ととらえられる）のほうが，地域住民の社会的意識や街への貢献活動の意欲を高めることになるようである。言い換えれば，そのような地域住民の「シチズンシップ」を醸成することが，SDGsの取組みとして重要なのだろう。

4-3. 小売業におけるSDGsのとらえ方・取組み方

　企業のSDGsについて，本項では小売業の取組みを主にみていくこととする。

（1） SDGsの基本的な取組み

　店舗展開する小売業としてSDGsに取り組む場合，施設・総務（エネルギー・水使用排出の適正化，売場照明のLED化など），販売・業務（プラスチック製買い物袋の削減，ロス廃棄物の管理など），物流（取引先と協調した効率的な物流など），人事（ジェンダー平等・包摂，人材教育・活用，職場環境・健康・安全への配慮など）

などの領域での取組みが確実に求められる。

　また社会的な貢献活動で，百貨店企業の例をあげると，そごう西武の「盲導犬育成支援」店頭募金・社員募金，松屋銀座の国際的 NGO と連携したアジア・アノリカの子ども教育支援，近鉄百貨店大阪あべのハルカス本店の「縁活」──地域コミュニティ活動に百貨店のスペースを提供などの取組みが紹介できる。

(2)　戦略的な SDGs 取組みの方向性

　地域の顧客に向け，どのような SDGs 施策があるかを考えてみよう。ここでは，マーケティングの立場から小売企業が，何ができるのかを検討し，その例を述べていく。

⑴　SDGs-MD 基準

　SDGs を実現・達成するために明確な商品基準（商品政策）を的確にもち，それに基づく商品導入や買付／編集を行い（価値の創造），その活動の方針や具体的な施策を PR し，提供する催事を実施する（価値の伝達・提供）。

　たとえば，伊藤忠商事は，総合商社として国際的な事業ネットワークやノウハウをもつが，2021 年から同社の商品選定基準として，① less waste（資源への配慮），② animal welfare（動物への配慮），③ natural materials（自然への配慮），④ ocean friendly（海への配慮），⑤ creativity（クリエイティビティ），⑥ experience（気づきの連鎖）といった 6 つの MD 基準（カテゴリー）を掲げている。そのもとで 63 ブランドの商品（ファッション商品や生活雑貨など）を編集，「エシカル・コンビニ」事業として，SDGs 関連商品を海外から買付けし，小売展開している。

⑵　SDGs-MD 基準に沿ったショップ・ブランドの導入

　フェアトレード商品専門店「LOVE & sENSE」（大阪）や，アフリカの教育・雇用の創出を目的に活動する「CLOUDY」（株式会社 DOYA［東京］）などが，SDGs 関連テーマでの専門店としてあげられる。

⑶　SDGs-MD 基準に沿ったテーマ自主編集／催事企画とシリーズ展開

　たとえば，有隣堂アトレ恵比寿店は，店舗前面のスペースで「海の環境保全」「気候変動対応」「海外民藝」などをテーマにした MD で，関連する書籍

　消費者それぞれが各自にとっての社会的課題の解決を考慮したり，そうした課題に取り組む事業者を応援しながら消費活動を行うこと。2015 年 9 月に国連で採択された SDGs の 17 のゴールのうち，とくにゴール 12「つくる責任つかう責任」に関連する取組みである。

　①消費という日常活動を通じ社会的課題の解決に貢献する，②商品・サービス選択に従来にない尺度（安全・安心，品質，価格＋倫理的消費）を形成する，③消費者市民社会の形成に寄与する（消費者教育の実践）などがあげられる。

とあわせ編集した売場展開を継続して行っている。

　また，髙島屋は，日本各地の伝統工芸技術の継承，工房経営の維持育成の目的とした「民藝」催事プロモーションを「民藝展」として，日本民藝協会の発足時（1930 年代）より東京・大阪など複数店舗で長年開催している。このような継続的な催事展開は，民藝関係者にとっての確実な顧客開拓・育成となり，販売チャネルとしても確立されている。

(3)　SDGs としてのサービス・アンド・オペレーション

　店舗のサービス・アンド・オペレーション面では，顧客に向けて，リペア，リメイク，リサイクルなどを整備し，「8 つの R ＝ 8R」として訴求，その継続的な利用・活用を促していく。またその実現，継続的な運営のために，サーキュラー・エコノミーを担う「静脈企業」との取引を交渉，整備していくことが重要になる。

　「8R」の具体的な展開例としては，以下が考えられる。①顧客が購入する際に，「レンタル」や「リフィール（詰め替え購入）」を提案する。②購入・使用後に再来店するパターンとして，「リペア（修理）」「リメイク（復元・復活）」が該当する。③商品を回収後，「リユース（再利用）」「リセール（再販売）」「リサイクル」「リデュース（ロスを減らす活動）」などの実践が考えられる。

（4）女性人材の活用

　小売業における MD 企画・営業企画，販売活動において，女性の生活からの発想力や接客アドバイス力は重要である。とくに，若手社員（Z 世代）から子育て世代，生活ベテランまで，生活で蓄積された知識（「生活知」と呼ぶ）を顧客への情報提供に活かす。また，販売・接客を通じて得られる商品知識・販売体験（「販売知」と呼ぶ）を自らの生活にも活かし，自分の生活を教養があり豊かなものにしていくことができるような仕組みをつくっていくことが重要になると考えられる。

　このように小売業の現場には，女性活躍の場があり，SDGs の面でもさらなる充実が期待される。

注 ————————

1　奥田（2021）および，丹羽（2021）を参考に記述する。

2　丹羽（2021）を参考に記述する。

3　この箇所は，「Sofia」ウェブサイト 2021 年 8 月 18 日記事（https://www.sofia-inc.com/blog/9092.html）を参考に記述した（2022 年 7 月 10 日入手）。

4　この箇所は，デロイトトーマツグループウェブサイト 2020 年 5 月 14 日記事（https://www2.deloitte.com/jp/ja/blog/foc/2020/circular-economy.html）を引用している（2022 年 7 月 10 日入手）。

5　BAE ウェブサイト（https://bae.dentsu-pmp.co.jp/articles/ethical-02/　2021 年 12 月 15 日入手）。

6　BRING が名前に入るサービスとしては「服から服をつくる BRING」「生まれ変わるユニフォーム　BRING UNIFORM」「プラスチックを地球のプラスに　BRING PLA-PLUS」の 3 種類存在している。

7　この箇所は，長柄・島貫（2023）を参考に記述している。

8　農業に関して，最近は，より大きな視点でとらえた「アーバン・パーマカルチャー」という言葉も聞かれるようになった。「パーマカルチャー」とは，恒久的（パーマネント）な農業（アグリカルチャー）という造語で，人間は永久に存続し続けるために農薬などで土地を痛めることなく自然の恩恵を最大限に受けることに注力していく必要があるという考え方のもと，伝統的な農業の知恵に学び，現代の科学的・技術的な知識も組み合わせ，よりよい生態系を生み出していく取組みであ

る。ポートランドでは，都市およびその近郊で取り組まれ，食と農が生活のベース
をつくっているということができる。

第3部

小売業の変容と新たな展開をとらえる

第 7 章

ファッション・アパレルの
仕組みとその変化

この章で学ぶこと／考えること

- ファッション・アパレル分野の産業構造は，特徴的である。川上が素材・テキスタイル・縫製など多段階に分かれ，中間流通である卸が，商品企画や生産管理面でリードしてきた。

- 近年，消費者の衣料品消費の減少，ニーズの多様化，消費行動のデジタル化などの変化に加え，生産側もデジタル化や生産機械・技術の進化により，従来の基本構造が壊れ，独自の技術や能力をもつプレイヤーが消費者と直接結びつき，その需要に応える仕組みができつつある。

- ファッション・アパレルにおける長年のリーダー産業・企業の変遷を踏まえても，今こそ，しっかりした価値の創造，伝達，提供をできるプレイヤーが消費者や関係者に選ばれ，地位を確立していくものと予想される。

1. ファッション・アパレルの流通チャネル構成メンバーの特徴

ファッション・アパレルの流通チャネルは，その全体的な構造をみると，他の産業分野と違い，特徴的なことが複数あげられる。

第1に，川上の製造業が，素材，生地，縫製と多段階に分かれ，それぞれに企業が事業展開を行っていること，第2に，本来は卸（中間流通）である企業群が製品の流行（ファッション・トレンド）を作り出す企画を担い，川上の製造業（とくに縫製メーカー）の生産管理を行い，チャネル・リーダーとして機能してきたことである（図7-1）。

本章では，まずファッション・アパレルの流通チャネル構成メンバーとその特徴を，バリューチェーンの各段階に沿ってみていこう。

1-1. 糸をつくる――素材メーカー

メーカーとして川上に位置するのが，糸をつくる素材メーカーである。素材

図 7-1 ファッション・アパレルの流通チャネル（これまで長年続いた基本構造）
- メーカーが素材・生地・縫製など多段階に分かれる
- 「アパレル製造卸」が産業全体をリード

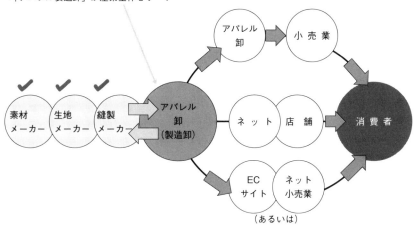

（出所）　筆者作成。

メーカーは，自然素材から糸をつくる紡績メーカーと，石油原料などから化学的に糸をつくる化繊（合繊）メーカーに区分される。

紡績メーカー（原糸メーカー）

綿・麻・羊毛・ダウン・絹など天然素材から糸をつくる企業で，長い歴史をもつ。日本では明治時代から昭和初期まで日本で最大の産業として発達した。代表的な企業としては，日清紡，倉敷紡績（クラボウ），日本毛織（ニッケ）などがある。

合繊メーカー（化繊メーカー）

パルプや石油などを原料に，化学的に繊維品（レーヨン，キュプラ，ポリエステル，ナイロン，アクリル，炭素繊維など）を製造する企業で，戦後，新素材の開発に伴い急成長した。自然素材の繊維と比較して，強さや劣化しにくさなどさまざまな機能が付加され，加工して使う範囲も広いことが特徴である。代表的な企業としては，東レ，旭化成，帝人，クラレ，東洋紡，ユニチカなどがある。

1-2. 生地をつくる──テキスタイル・メーカー

糸から生地をつくる織物・編物・不織布などの製造業，および染色加工業は，「テキスタイル・メーカー」と呼ばれる。①織布業・製織業（機屋）──糸を織ることで生地にする，②編立業・ニッター──糸を編むことで生地にする，③染色加工業──染色に加え，撥水・消臭・冷感などの機能付与，起毛・艶出しなど加工する企業の3つに区分され，機能している。

具体的には，綿織物，毛織物，絹織物，ニット織物といった素材別の織布業・製織業（機屋）およびニッター（編立業）など織物企業が，それぞれの関連産業と一緒に集積し「繊維産地」を形成することが多い。

テキスタイル・メーカー群のなかでも，ニットは，その種類として，経編（トリコット編，ラッセル編）と横編（横編，丸編，靴下編）がある。また，ニット生地にする場合（ニット生地製造業）と，糸からニット製品にする場合（ニット製品製造業）がある。

染色加工業については，染色に加え，撥水・消臭・冷感などの機能付与，起

毛・艶出しなど加工の段階がある。織物・ニットは，一部の産業資材を除いて染色，整理加工を経て製品となる。とくに近年は，高付加価値化のために染色加工で最終的な仕上げを行うことが多く，その役割が高まっている。染色加工メーカーは中小企業が多いが，大手企業としては，セーレン（福井），小松マテーレ（石川），サカイオーベックス（福井），東海染工（愛知）などがある。

産地に存在する生地問屋，および繊維商社（あるいは総合商社の繊維事業部門）を経由して出荷される。

1-3. 服をつくる──縫製メーカー

製図・型紙のとおり生地を裁断し，その部品を縫い合わせて洋服に仕立てる企業が，縫製メーカーである。日本には高い技術をもつ専門企業が多く存在する。たとえば，紳士スラックス専業メーカーの「エミネント」（長崎県松浦市）などである。

1990年代には，縫製段階の工賃の安さを求めて，縫製工場の海外移転が数多くみられた。そのため，そのような日本企業と連携した地場企業も格段に増え，海外の工場で洋服を縫製し，それを日本へ輸送するパターンが増え続けた。衣類の生産と輸入の推移をみると，日本のファッションは，縫製の海外シフトにより，生産のほとんどを海外に依存してきた。その結果，2018年の衣類の国内供給量に占める日本製品の割合は2.3％（前年から0.1％減，10年で3％減）で過去最低を更新している。

1-4. アパレル製造卸

ファッション・アパレル分野における卸（中間流通）は，機能別にみると，大きく「製造卸」と「製品卸」に分かれる。現在，規模として大きくなっているのは製造卸で，自社で商品企画を行い，縫製メーカーに生産委託し，商品化したものを小売業（地方卸商など）へ販売するというものであった。

しかし，2000年頃より製造卸と小売業を一貫して自社で行うSPA型企業が一般的になってきた。アパレル製造卸は，商品企画から生産管理，小売への卸売，そして自ら小売も行うという，なんでも担う製造・卸・小売業として機能してきた。代表的企業は，オンワード樫山，ワールド，三陽商会などである。

1-5. 商　社

　繊維専門商社や総合商社の繊維部門が，分断・独立したファッション・アパレルの各段階をつなぎ，原材料調達，素材・縫製企業などを仲介する機能を発揮している。なかには，それらをつなぐ物流システムもファッション製品特性を踏まえながら整備し，各段階の企業を支援している例もある。

1-6. ファッション小売業——専門店

　ファッション小売業（専門店）は，次のような企業特性をもっている。

（1）　多産多死型のビジネス

　ファッション小売業は，事業への参入障壁が一般的に低い（つくりたいものをつくり，売れそうなものを仕入れ販売する）ため，数多く誕生する。しかし，流行の変化があり，商品の旬もあるため，短命のビジネスであることも多い。事業継続のためには，自己革新か，次々とブランドを生み出すかしかない。

（2）　創業者1世代型——カリスマ・リーダー型企業運営

　ファッション専門店は，個性的で強い信念をもった創業者が，1代で短期間に個人商店から大企業に成長させた例が多い。それだけにその企業経営スタイルは，カリスマ・リーダー型（ワンマン経営）が多いといえよう。

（3）　現場の販売力

　ファッション専門店の成長で大きな役割を果たしたのが，「カリスマ店長」「カリスマ販売員」などと呼ばれた現場の優秀販売員である。たとえば，「渋谷109」の個性的なファッション・ブランド群では，外見からして派手な（明るい髪色に目元を強調したメイク，10cmはあるハイヒールに自前のセシルマクビーの服を着て接客する）恰好をした店員が友だちのような言葉遣いで来店客に話しかけ，顧客もその店員のファッション・着こなし・コーディネートを参考に買い物をする。彼女たちは，雑誌やテレビなど多くの媒体でもその存在が取り上げられ，「カリスマ販売員」なる言葉まで生まれた。

2. ファッション・アパレルの流通チャネルの基本構造

ファッション・アパレル分野の流通チャネル（これまで長年続いた基本構造）は下記の5項目に整理できる。

2-1. 特徴①——川上から川下まで分業型・多くの企業からなる

ファッション・アパレル産業は，既製服製造を主とし，製造段階ごとに業界が形成された分業型構造で，川下に行くに従い，業界を構成する企業数が多くなる構造になっている。川下の小売は，商品を仕入れ販売するビジネスモデルであることから，川上に比較して技術力や投資に関する参入障壁が低いことを反映して，プレイヤーが多いと理解される。

2-2. 特徴②——縫製メーカーはアパレル製造卸が企画デザインした服をつくる

アパレル卸が「メーカー機能」を発揮するなか，縫製メーカーは，アパレル製造卸のもとで，OEM（original equipment manufacturer：他社ブランドの製品を製造すること，またはその企業「相手先（委託者）ブランド名製造」「納入先〔委託者〕商標による受託製造」）としての製造になる場合が多い（図7-2）。

2-3. 特徴③——アパレル製造卸：小売業に服を卸すだけでなく小売を行う（製造小売業化）

アパレル製造卸の代表例としては，以下があげられる。

オンワード樫山

オンワード樫山は，「組曲」「自由区」「J. プレス」など自社ブランドのアパレルに加え，「ジョゼフ・オム」「ジョセフ・アブード」「トッカ」など海外ブランドともライセンス契約を締結し，商品製造・販売を行っている。出店先も従来の百貨店インショップ展開から，駅ビルやショッピング・センター（SC）へと拡大してきた。

図7-2 縫製メーカーは，アパレル製造卸が企画デザインした服をつくること（OEM）が多い→アパレル卸が「メーカー機能」を発揮

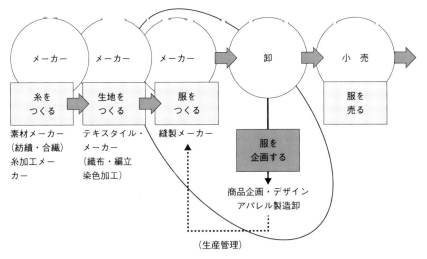

（出所）　筆者作成。

ワールド

　ワールドは，婦人ニット卸売業として創業し，1980年代頃までは，ニット製品を小売店に卸す事業と直営小売店「ワールドコーディネート：LIZA（リザ）」が主であったが，93年「オゾック」をはじめSPA型事業に転換し，ブランドの自社小売店やセレクト・ショップ展開を開始した。チャネルとしては，他のアパレルと違い百貨店よりも，駅ビル・SCに出店し，成長した。主要ブランドは，多ブランド政策の結果，婦人・紳士で「アンタイトル」，婦人で「インディヴィ」「オゾック」などであった。

　またワールドはオンライン販売にも早期から積極的で，「WOS」（ワールド・オンライン・ストア）として，「アンタイトル」「インディヴィ」「タケオキクチ」「ハッシュアッシュ」など約50の人気ブランドをネットで販売する。また子会社のファッション・コ・ラボが展開する「ファッションウォーカー」（日本最大級のレディース・ファッション・サイト）では，他社ブランド（「ジェラートピケ」「スナイデル」など300以上のブランド）や，ライフスタイル雑貨まで取り扱うなど対象商品を拡大した。また直営店舗との在庫連動・相互送客（オムニチャネ

ル化）も推進している。

　このように，ファッション・アパレル分野では，卸が商品を企画し生産を管理するし，小売も行う。誰もが何にでも乗り出す，「なんでもあり」といった業界ということができる。

2-4.　特徴④──ファッション衣料専門店：3タイプに大別

（1）　仕入れ・品揃え販売型

　メーカーや卸から商品を仕入れ，品揃えして販売する（多くの場合接客販売）小売業である。

　春夏・秋冬などシーズン単位で商品企画・製造・流通が行われる。専門店のなかで仕入担当である「バイヤー」がその目利き力を活かし，商品を選択し売場編集する能力，さらに売場での販売担当である「販売員」の販売力（接客力）の能力が重要となる。このタイプの代表的な事例がセレクト・ショップで，「ビームス」「ユナイテッドアローズ」「アーバンリサーチ」などがあげられる（図7-3）。

（2）　製造小売業（SPA）型

　第2に，商品を企画し，川上のメーカーに生産委託し（素材メーカーと素材開発の交渉を行うことも）販売する，「製造小売業」（SPA）型の専門店である（図7-4）。

　このビジネスモデルでは，製造・物流機能をその専門店ブランドのために組織化しており，短いサイクル（短納期）で商品企画，製造，流通を行い需要に対応する。

　卸など中間流通を省くことで高収益・低価格を確保している。大量生産した衣料を消費者に確実に購入してもらうことが重要で，商品消化率（販売量）を上げるため売行き情報から需要予測して生産につなぐシステムが整備され，確実に稼働させていく大掛かりな企業活動となる。その代表的な事例が「ユニクロ」（ファーストリテイリング）である。

図7-3 ファッション衣料専門店のビジネスモデル①

● 仕入・品揃え型専門店の場合

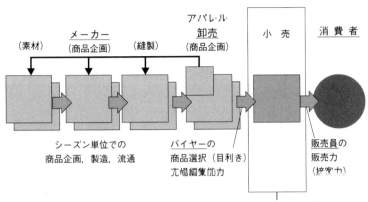

（例）セレクトショップ（ビームス，ユナイテッドアローズなど）

（出所）筆者作成。

図7-4 ファッション衣料専門店のビジネスモデル②

● SPA の場合

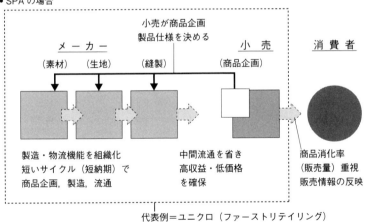

代表例＝ユニクロ（ファーストリテイリング）

（出所）筆者作成。

図7-5　ファッション衣料専門店のビジネスモデル③

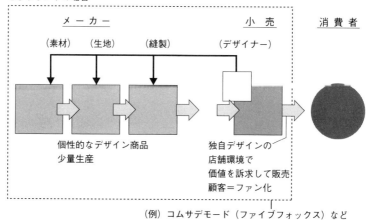

・DC ブランドの場合

（出所）　筆者作成。

（3）　デザイナー・ブランド型

　第3には，デザイナー・ブランド型の専門店があげられる。そこではデザイナーの個性的なデザイン商品が少量生産されることから，販売する店舗環境も独自デザインで，商品価値を高く訴求して販売し，顧客もファン化してそのロイヤルティを高め，リピート顧客に維持育成するマーケティングが展開される（図7-5）。

　その代表例は，「ファイブフォックス」などがあげられる。

2-5.　特徴⑤──ファッションは既製服・新品製造販売を基本とし流行創造・発信で需要開発

　ファッション・アパレルは長年，既製服の新品製造・販売を主とし，毎シーズン流行を新たに創造し，トレンドとしてプロモーションすることで需要を掘り起こしてきた。またプロモーションには，ファッション雑誌の刊行も大きく寄与している。とくに女性向けファッション誌は，年代別やファッション・テイスト別にセグメンテーションされ，シーズン別・月別のファッション・スタイルなどの情報発信を強力に行い，効果をあげてきたとみられる。

しかしながら,ファッションの個性化・多様化は,消費者個々における嗜好
テイストの確立を生み出し,次々と生み出され発信される流行の新規創造より
も,個々のテイストを実現する中古品(ヴィンテージ)の価値を重視する
ファッション意識や購買行動を生み出した。またファスト・ファッションや
SPA による低価格ファッションが,一般に購買の基準や行動の底流となり,
従来のファッション・アパレルにおける基本構造が揺らぐような,構造的に大
きな変化の時代を迎えている。

3. ファッション・アパレル産業の構造的な変化(新しい動き)

3-1. 新しい動き①——縫製メーカーが,消費者のオーダーを受けて製造小売する

従来,業界をリードしてきたアパレル製造卸(オンワード樫山,レナウン,三
陽商会など)は,SPA 企業の台頭・普及一般化や,主力チャネルだった百貨店
の衣料品売上不振から,業績低迷に陥った。長年,有力アパレル製造卸や商社
の意向のもとで製造してきた縫製メーカーは,アパレル製造卸や商社の生産枠
とは別に,縫製技術の高さを活かし,独自の製造枠を設けた。「ファクト
リー・ブランド」と呼ばれるブランドを創造し,インターネットを活用した独
自チャネルをもち,消費者に直接販売する動きを見せ始めている(図7-6)。

図 7-6　縫製メーカーが消費者に直接に製造小売する（場合によってはオーダーを受ける）

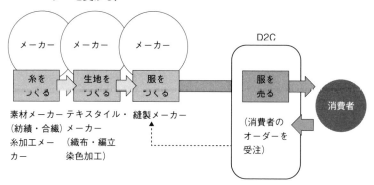

（出所）　筆者作成。

　さらに，縫製メーカー単独でなく複数の企業がネットワークして，消費者とつながる仕組みを形成している。たとえば，「ファクトリエ」や「シタテル」など，複数の縫製メーカーを組織化し消費者とのマッチングを仲介するネットワーク組織，オンライン企業も登場し，活発な動きをみせている。

3-2.　新しい動き②──地方の素材・生地メーカーが消費者と直結

　地方の素材・生地メーカーが消費者と直結する動きが増加している。佐藤繊維（山形県寒河江市），米富繊維（山形県山辺町），カイハラ（広島県福山市）など，繊維産地において技術や企画独創性をもつ川上企業が確実に生き残っている。その価値の創造は，ネットなどにより大都市の消費者とも直接結びついて，価値の伝達・提供が確実に行われることで，その実力をいっそう発揮している。

3-3.　新しい動き③──オーダー型製造の高まり：品揃え流通から構造変化

　ファッション・ビジネスは，従来，既製品（新品）を品揃えして販売するも

のであった。シーズンごとに新品を出し，トレンドでデザインを変え，年代やテイストでのニーズに対応した品揃えであったが，ICT（情報通信技術）の進化に伴い，構造的な大変革が進行しているといってよい。

すなわち，顧客の個別ニーズに対応するオーダー型製造が注目され，消費者がネットで受注（リアル拠点で試着），完成した服は宅配によって消費者の手元に届けることが可能になった。まさに「オンラインSPA」ともいうべき仕組みの登場である。これによって，「品揃え（在庫）流通からオーダー（在庫なし）製造へ」と構造が大きく変化し始めているのである。オンラインでの取引であるから，当然，店舗の意味も従来からとは大きく変化していくだろう。

このファッションにおける新しいオーダーの潮流に対して，百貨店のオーダーサロン強化はもとより，紳士既製服専門店が新業態としてオーダー・ビジネスを始めたり，一部のアパレル製造卸に乗り出したりしている。まさに「誰でも何でも担い手ルールなくビジネスに手を出す」というファッション・アパレル産業の特徴ある動きが，この局面でもみられるのである。

3-4. 新しい動き④──消費者のエシカル・サステナビリティ志向の商品選択

消費者の新品購入だけでない中古品購入の理解・浸透や，SDGs（環境・社会・経済への配慮）を踏まえたエシカルな思考での商品選択（さらに企業選択）が着実にみられるようになってきた。

マーケティング論でいう「価値の創造」の要素でみても，①製品の原料からできあがった製品の成分・品質・機能面でのSDGs（環境基準や健康効果など），②製品のつくり方・製造工程のSDGs（廃棄・環境面への配慮や，つくることの文化度・技術継承など），③作り手・担い手における人の面でのSDGs（ジェンダーや社会的弱者への配慮，倫理問題の理解，地域活性化の貢献など）を十分に理解した消費者の意思決定のもとでの消費行動が顕在化しているととらえられる。

価値の創造の担い手である企業や作家・クリエーターらが，それらを踏まえて製品などを創造し，さらにそのことをしっかり価値として伝達・提供する活動がいっそう求められている。

図7-7　衣料品供給量と家庭から放出された衣類量，廃棄量の関係

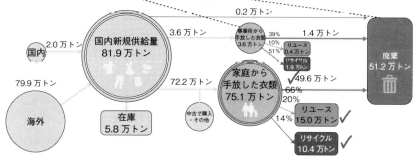

- 衣類の国内新規供給量（約82万トン）に対して，
  使用後に手放される衣類は家庭（約75万トン）・事業所（約4万トン）
  合計約79万トン（供給量の約9割）→さらに廃棄は約51万トンと推計

（出所）　日本総合研究所（2021）。

3-5. 新しい動き⑤──サーキュラー・エコノミーの形成

ファッション・アパレル産業の廃棄問題

　ファッション・アパレル産業の廃棄問題は他の産業にも増して深刻で，衣類の国内新規供給量（約82万トン）に対して，使用後に手放される衣類は家庭（約75万トン）・事業所（約4万トン）合計約79万トンで供給量の約9割にも至っている。さらに廃棄は約51万トンと推計される（日本総合研究所［2021］「ファッションと環境」調査報告）（図7-7）。

サーキュラー・エコノミーの形成

　ファッション・アパレル産業分野における「サーキュラー・エコノミー」の重要性の認識は，製造・販売する企業側は当然のことながら，購入・利用する消費者側にも高まりつつある。

　再資源化製造（リサイクル），修理（リペア），買取り・再販売（リセール），レンタルなどを担う企業が次々と生まれており，いわゆる「動脈流通」と「静脈流通」がともに明確化して，「サーキュラー・エコノミー」のチャネルが確実に形成されてきている。

　ファッション・アパレルにおけるサーキュラー・エコノミーは，図7-8のよ

図7-8　ファッション・アパレル分野におけるサーキュラー・エコノミーの考え方

● エシカル，サステナビリティ志向からのリサイクル活発化

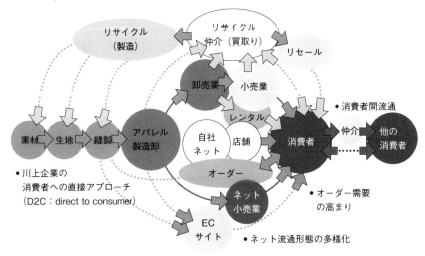

（出所）　筆者作成。

うに考えられる。すなわち，①従来のアパレル製造卸から小売業を経て流通する場合もあれば，②ECサイトあるいはネット小売業を経て流通する場合もある。③自社ネットや直営店舗での営業も行う。以上がおおむね従来の流通チャネル（動脈型流通）である。

　さらに近年では，④川上企業が従来チャネルをパスして直接に消費者に接近するD2Cの動きが顕在化しており，前述のとおり，⑤消費者間流通も伸長し，⑥レンタル利用やオーダー利用も増えてきている。⑦不要になった商品を買い取ってもらう，その後回収され，原材料に解重合し，さらに重合して新しい商品を作り出すリサイクルの動きも活発である。

　改めてこの図7-8をみると，本章冒頭の図7-1（これまでの流通チャネルの図）と比較してもファッション・アパレル分野の流通チャネルがいかに複雑化しているかがわかる。

【コラム】 日本のファッション・アパレル領域の市場リーダーの歴史的変遷

　日本では，戦後（1945年以降），服地から服をつくること（お誂え）が主流で，その時代は，服地の素材メーカー，小売では洋装店・テーラーが主役だった。次の既製服の時代では，アパレル卸と衣料品専門店・百貨店が主役であった。その後，オリジナリティのあるブランドが各社で形成され，アパレル卸のナショナル・ブランドや個性的なDCブランド（デザイナー・キャラクターブランド）が発展するという特徴がみられた（図7-9）。

　既製服時代は，「SPA」（製造小売業）の時代へ移行し，ユニクロ，H&M，ZARAなど世界的なカジュアル・ファッション・アイテムが店舗とネットの両面で強力な営業を仕掛けてきた。日本の既存企業も，オムニチャネル・リテイリングを進め（ネットで購入），リアル店舗は人との交流や体験を楽しむコミュニティの場へ変化しつつある。また既存のサイズ・データなどを活用する「新たなオーダー」ニーズの掘り起こしも進んできている。

　さらに注目点として，デザイナーは，これまでどの時代に存在し，立場は維持してきたことがわかる。しかし，デザイナーは今後も継続的に安泰で大丈夫なのだろうか。消費者は，現在は「オーダー」によって作り手にデザインやも

図7-9　日本におけるファッション・アパレル・ビジネスの歴史（概観）

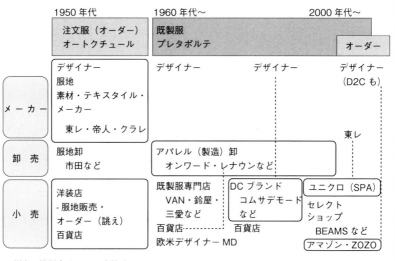

（注）　量販店チェーンを除く。
（出所）　筆者作成。

のづくりを依頼しているが，今後，DIY装置の一般化や，デジタル技術の進化によるつくりやすさの向上によって，消費者のプロ並みのファッション創造が容易になる可能性もある。そうなると，デザイナーの立場も変わってくるかもしれない。デザイナーはその創造性をいっそう高め，個性や能力を高めていく必要が生じてくるのだろう。

4. ファッション・アパレル・ビジネスの今後

最後に，新しい流通構造（サーキュラー・エコノミー）を前提に，消費者に選ばれる小売業であるためには，どうあるべきかについて考えてみたい。

4-1. 小売業の機能は，商品（と情報やサービス）の編集であることの認識

小売業の機能は，商品（と情報・サービスを含む）を編集し，消費者のアソートメントに近づくこと（顧客にソリューションを提供すること）である（Alderson, 1957）。その基本認識に立ち，時代や環境の変化に合わせ（消費者ニーズや，可能となる技術などを踏まえ），消費者のための価値を創造し続けることが重要と考える。言い換えれば，消費者に向けた価値の創造，とくに消費者の生活充実のためのアソートメント（編集）とその積み重ねが重要であるということである。

4-2. 新しいカテゴリー形成とその継続

ファッション・アパレル分野におけるサーキュラー・エコノミーの全体図（図7-8）をみて，考察できることは，小売業とくに店舗小売業の存在意義である。この複雑で多様なチャネルのなかで，消費者に選ばれ，存在し続けるにはどうしたらいいのか，という課題である。

その解の1つは，やはり小売業として，それぞれの時代で求められる商品群（カテゴリー）を常に消費者に提供できることではないだろうか。そのような新しいカテゴリーを生み出し続けることでないだろうか。

チェーンストア企業（GMS/SM/CVSなど）は，決められたアソートメントの

カテゴリーをきちんと揃え，崩さずに（全店舗・標準的に）展開している。しかし，専門店や百貨店企業は，生活活性化のため新たなカテゴリーを開発・導入して時代や環境の変化に対応してきた。

　2020年以降，コロナ禍を経て新たな生活様式が生まれ，それが広がり，人々の生活が変化していくとしても（変化していくからこそ），継続的な新規カテゴリーの開発（創造）・導入（提供）が重要となる。

　新しいカテゴリー形成のアプローチ視点としては，①新技術・新製品による商品群の形成，すなわち消費者の生活に関わる製品イノベーションによるもの（例：「IoT」〔ロボット，ドローンなど〕），「新機能化粧品」など新機能の製品開発とそのカテゴリー形成，②既存商品の新たなコンセプト・テーマで編集（例：「美と健康」「エコロジー」「エシカル／SDGs」「イエナカ快適商品」「テレワーク・オンライン必要用品」など），③特定の消費者層について着目し，その未開拓需要を掘り起こすこと（例：子育てママ・パパ層，シニア層，あるいはシニアを介護するミドル層など）などがあげられる。

4-3. 新しい流通構造においても確実に信頼されるハブ拠点になる

　新しい流通構造を担う新しいプレイヤーを的確に選び，消費者のお墨つきを得る（取引仲介役になる）。新しいプレイヤー，つまり買取企業・リサイクル企業（仲介系・製造系・処分系）などを認定取引先とすることが重要である。

　従来の「動脈流通」において，たとえば，百貨店が商品選定／取引先認定を行い信頼性の高い取引先関係を構築し，消費者から選ばれる小売になったように，新たな「静脈流通」においても確かな企業選定を行い，消費者との中継ぎ機能を発揮する。これが，新しい時代の小売機能といえるのではないだろうか。

4-4. 商品回収の拠点という新しい店舗の機能

　消費者がリサイクル行動に参画する場合の，商品回収（古着回収など）の拠点になる。さらにリセールも行い（リセール企業と連携し），小売業企業が，消費者との接点であり続ける。

　リサイクル／サーキュラー・エコノミーにおいて，消費者の使用後における商品（中古商品）の回収拠点は重要となる。まさに回収拠点は，サーキュ

ラー・エコノミー・ビジネスの起点ともいえる。その意味での消費者接点ということで，店舗機能は新しくなるといえよう。

第 8 章

百貨店の仕組みとその変化

この章で学ぶこと／考えること

• 百貨店の小売業態としての基本機能は，顧客の生活ニーズを満たすため幅広い取引先・関係先から商品を仕入れ，ニーズに沿って，あるいはニーズに先行して編集し提案することにある。それを実現する仕組みが，1つの強い経営軸のもと，複数の商品部門（デパートメント）を保持し，それを拡縮しつつ市場に対応しながら，あわせて人員配置やリソース投入を調整して利益を得る「統合管理機能」である。

• 百貨店は100年以上継続する小売業態である。現在まで長年のさまざまな市場変化や競合対抗を経て，時代対応してきただけに，そうしたさまざまな対処施策が蓄積して，基本の統合管理機能が機能不全に陥っている部分が多数あることも事実である。

• 従来，それら構造的課題の解決は難しかったが，最近の進化著しいDX/AIが，多すぎる経営変数を的確に処理，意思決定を促し，百貨店本来の「統合管理機能」を発揮できるように整備・活用できれば，これからの百貨店再活性化の可能性は高いと考えられる。

1. 百貨店についての理解

1-1. 百貨店の定義

　小売業態の定義は，店舗規模／商品構成／販売形態で規定される。小売業態の1つである百貨店は，1つの経営主体のもとで運営され，店舗規模が大きく，商品構成が多様で総合的であり，販売形態としてはフルサービスの接客が主体の小売業ということができる。消費者の百貨店についての業態認識も，長年ほぼそのようなイメージでとらえられている。

　経済産業省の「商業統計」調査の基準によれば，百貨店とは「衣・食・住の商品群のそれぞれが10％以上70％未満で，従業員数50人以上」で「接客販売のウェイトが高い店舗」という定義になっている。

　また実務的にも，アパレル卸など百貨店の取引先との関係において，長年，量販店と区分された取引制度が存在してきた。具体的には，卸売業のなかでも百貨店向け卸と量販店向け卸とが存在し，百貨店企業には百貨店向け卸の百貨店向け商品（ブランドなど）が納入され，品揃えされるということが慣行となっていた（その結果，衣料品MDが百貨店企業横並びで同質化することを生んだという経緯もある）。

　このように百貨店は，企業，業界自体が明確な業態定義をもたないまま，既存企業が取引慣行からいって百貨店とみなされ，消費者の業態認識も長年固定化してきたといえるだろう。現実として百貨店協会に加盟する企業が，一番明確な百貨店の定義ともいえる状況である。

1-2. 百貨店の業態特性

　百貨店の業態特性は，①売上形成の面からと，②店舗運営の面から説明される。さらに売上形成に関しては，商品別，販売形態別，仕入形態別にみることができる。

取扱商品の特性

百貨店が取り扱う商品分野は，衣料品，身の回り品，家庭用品，雑貨，食料品など，幅広い分野にわたっている。百貨店協会発表値（2021年）の商品分野別売上構成比をみると，「食料品」が30.9％を占め，「衣料品」（26.4％）を上回って主力商品分野となっている。衣料品の内訳としては，婦人服が全体の17.1％となっており，かつて25％に近い比率だった時期からすると大幅に縮小している。

販売形態の特性

百貨店は，売場での接客販売を基本とするが，その販売形態は他の小売業態に比して多様である。

百貨店店舗の販売形態は，大きく分けて「店頭」と「店頭外」に二分される。さらに，店頭での販売形態には，通常の売場（プロパー，あるいは常備）での販売と上層階にある催事場での販売がある。店頭以外の販売形態としては，「外商」「店外催事」「通信販売」「宅配」などがあげられる。通信販売もインターネット，テレビ，カタログなど媒体別に種類がある。

仕入形態の特性

仕入形態とは，百貨店の店頭で展開される商品が，商品を納入する問屋，メーカーとの取引・仕入の関係としてどのような形態があるかということである。その区分として①買取仕入，②委託仕入，③消化仕入（売上仕入とも呼ばれる）の3種類がある。

①買取仕入は，百貨店が取引先から商品を買い取って仕入れる形態である。百貨店が商品のロスや在庫リスクを負い，百貨店の思うとおりの店頭企画や陳列，価格政策，販売・在庫状況をみての値下げ処分などが可能になる。

②委託仕入は，百貨店が商品を取引先に委託して売場で展開するという考え方に立ち，商品が売れた後で，販売手数料として売上の何割かを百貨店が受け取る形態である。百貨店は商品ロスや在庫リスクを負わないという仕入形態である。

③消化仕入は，ブランドなどインショップの形態で売場が形成され，商品が

売れると同時に百貨店による仕入れが行われる形態である。この方式では，商品在庫は取引先の管理だが，そのショップの売上は百貨店の売上として計上できるところが，見た目では似ているテナントとは違うところである。話題の商品・ブランドを先行的に，あるいは期間限定的に百貨店として売場導入し，消費者に提供できる仕入形態でもある。

　仕入形態別での売上構成は，テナントを除いた一般的な構成比でみると，買取仕入が5〜8％，委託仕入が25〜35％，消化仕入が60〜70％と推定される。とくに消化仕入の構成比が高いことは，百貨店が消費者のニーズ変化へ対応し，またはその先取りをして，試行的に商品やブランドを導入するといった環境変化へ適応する素地となっているとみることができる。

店舗運営の特性

　第1に，店舗レベルでの運営特性として，百貨店店舗での売場構成の基本単位は「デパートメント」（department）であるということである。「デパートメント」は，衣料品，食料品，雑貨などの幅広い分野におよび，それを1カ所で統合的に組み合わせ・編集して，店舗を構成するという特徴がある。すなわち，「デパートメント」を基本の小分類として，それらを編集し，中分類，大分類とツリー構造で組み上げて店舗を形成する仕組みになっている（大分類の段階が，おおむね婦人服や紳士服といった「ディビジョン」〔部門〕である）。

　Pasdermadjian（1954）『百貨店論』（邦訳1957年）では，百貨店とは1つの経営意思のもとで運営される店舗であるとしたうえで，百貨店が複数の商品系統を複合し最適に配置し，さらに季節や市場の変化に応じて商品系統の展開（実際には売場スペース）を拡張・縮小し最適化を図る機能，また繁閑に応じて販売人材や非販売人材を配置調整する機能に注目した。

　上記の考え方を発展させれば，店舗における利益管理の基本単位を「デパートメント＝売場」として，店舗全体の利益最大化のために，①売場を組み合わせ編集する機能と，②売場業務の繁閑に応じて販売人員の配置を調整する機能の2つを合わせた「統合管理機能」を発揮し，その店舗の施設生産性，人的生産性を高め，市場に最適対応する業態が百貨店であるということができる（宮副，2006）。

第2に，百貨店が多店舗展開の場合には，全社レベルでの運営特性を考える必要がある。上記のように百貨店では，経営としてコントロールするべき経営要素（変数）が多い。大規模店舗1店舗経営主義か，変数を減らして多店舗チェーン経営にするかに百貨店の経営形態が分かれることも業態の特性としてあげられる。

　また多店舗運営の場合，店舗政策の策定・意思決定や仕入れ，人事採用などの管理面において，中央集権型（本部一括型）か，店舗分権型（店舗個別型）か，によって企業の戦略の選択がなされる。

　日本の百貨店の歴史を振り返ると，個店型（店舗個別型）で市場環境へ対応してきた経緯がある。これは，アパレルなど商品取引先が営業戦略として，商圏，地域の一番店に商品供給・ブランド供給を優先する「地域一番店」主義（すなわち企業型取引でなく店舗個別型取引）を採用していることとも合致してきた。そのことが，背景として百貨店の中央集権型・チェーン型経営よりも，店舗個別型・店舗分権型経営が多数を占めることにつながっているとみられる。

1-3.　百貨店の基本構造

マーケティング視点でみる百貨店の基本

　マーケティング視点では，百貨店は，顧客のために幅広い取引先・関係先から商品を仕入・編集して価値を形成し，顧客に接客を通じて（人手を介して）価値を伝達・提供する業態である（図8-1）。

　「幅広い商品品揃え」は，物理的に大規模な店舗ということになるが，欧米では，多くの商品部門（デパートメント）からなる大型店舗ということから「デパートメント・ストア」と呼び，日本では多くの商品（百貨）を提供する店舗なので「百貨店」と呼ぶことになった。

　また，接客販売は，高い商品知識やサービス専門性をもつ，多くの販売員が顧客対応するという形態の採用につながっている。

　現在，一般的に多くの人々が抱いている「百貨店＝高級品を富裕層（多くの場合，シニア層）に売る業態」という像は，決して百貨店の基本ではないということを理解することが重要である。

図 8-1　百貨店とは①：マーケティング視点での特徴

● 百貨店は，顧客のために仕入・編集した価値を伝達・提供する（→マスへ向けた普及・大衆化機能）

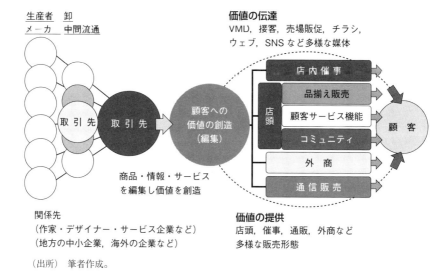

（出所）　筆者作成。

マネジメント視点でみる百貨店の基本

　マネジメント視点では，百貨店は，商品部門（売場／デパートメント）の構成と販売員の配置を市場ニーズや競合の状況に応じて，自由に組み替えて対応することに特徴がある（Pasdermadjian, 1954 など）（図 8-2）。

商品財務（ファイナンス）視点でみる百貨店の基本

　百貨店は，現金商法を基本とし，都市中心部に店舗を構え，多くの客数で商品を販売し，現金を回収することで，取引先に短期での支払いを実現する仕組みを特徴とした。これによって，低価格販売を実現し，それが集客要因となって多くの客数を得るという連鎖によって運営される仕組みであった（ヨーロッパでデパートメント・ストアが誕生した当時は，この点が，他の商業にない特徴であり，革新的でもあった）（図 8-3）。

図 8-2　百貨店とは②：マネジメント視点での特徴

- 百貨店は、デパートメント編成と人材配置調整のマネジメントにより市場対応と収益化を図る（統合管理機能）

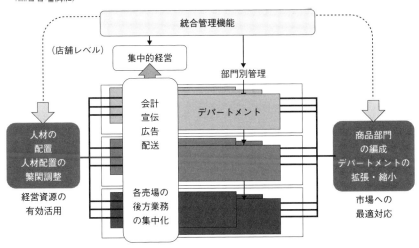

（出所）　Pasdermadjian（1954）を参考に筆者作成。

図 8-3　百貨店とは③：ファイナンス（商品財務）視点での特徴

- 百貨店は，現金商法 × 高回転→短期支払→低価格→多客数の連鎖によって成立（誕生期の基本構図）

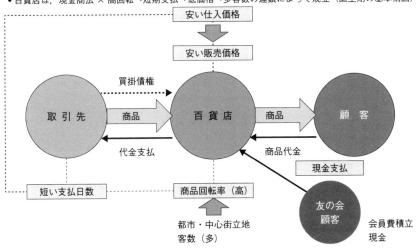

（出所）　宮副（1994）。

1-4. 百貨店が抱える構造的な課題

　百貨店は 100 年以上も営業を継続する長い歴史をもつ。しかし現在まで長年の間，さまざまな市場変化，競合対抗を経て時代は対応するなかで，さまざまな短期的な対処施策が蓄積して，百貨店は，その基本である統合管理機能が機能不全に陥ってしまった。

　たとえば，日常品などコモディティ商品群の販売は，量販店や近年のネットなどに劣り，店内でのバーゲンセールも 1990 年代以降に急発展した価格対応業態に劣っている（一部の企画商品の編集や，物産展など物販催事，美術・文化・動員催事，外商制度での特定優良顧客への重点商品の販売が百貨店の強みとして残っている程度である）。

　百貨店の特徴である「幅広い顧客」へ「幅広い商品群（MD）」を「多様な形態で販売」すること自体，営業／経営管理上の変数が多く，さらに多くの競合への対応や，天候不順・需要予測は非常に難易度が高く，店長によるその経験だけに根差した従来型の属人的管理では，意思決定不能に陥るのも当然の結果かもしれない。統合管理機能の発揮による商品部門・人員配置の調整も，1990年代以降の消化仕入契約取引先・テナント導入の拡大により，百貨店による自主的な商品部門が大幅に減り，人員配置の調整できる範囲がかなり縮小し機能不全になっている。

　また，ファイナンス視点での現金商法×商品高回転からの短期支払い，低価格での多客数集客の仕組みも，長年の外商・クレジット売上拡大により売掛が増大し，十分に機能せず足かせになっている状態である。当然ながら商品財務／支払面での取引先交渉力も低下している。

　このように長年の継続的な低利益体質は，投資余力を生み出さず，将来に向け，行うべき新たな施策対応の意思決定を先送りさせ，ゆっくりと縮小均衡局面に陥っている。

2. 百貨店の構造的課題を解決するための着眼点

　このような構造的な課題について，百貨店企業は，従来なかなか解決できな

かったが，最近の DX（デジタル・トランスフォーメーション：情報システム化による経営変革）や AI（人工知能）の著しい進化は，その活用いかんで，百貨店の機能不全を克服する好機となるかもしれない。すなわち，そうした技術を導入し，多すぎる経営変数を的確に処理できれば，百貨店本来の「統合管理機能」を発揮し，百貨店を再活性化できる可能性は高いのではないかと考えられる。

2-1. 百貨店の基本機能の機能不全をいかに克服するか

第1に，統合管理機能の確実な遂行のために，多くの営業・経営変数を分析して，従来の対応ノウハウの蓄積もデータで活かし最適解を見出すような，DX や AI の導入による課題解決が期待される。

第2に，オムニチャネル営業が一般化し浸透すると，店頭売場での従来のような MD 品揃えの拡縮・改編の頻度は大幅に減り，商品／場所に立脚する経営から脱して，オンラインで顧客が情報を得て，交流し楽しむといった「コト対応／時間の設計」に業務がシフトしていくことが予想され，従来のような売場単位・部門別管理型の「統合管理機能」でなくなる可能性がある。新しい統合管理の構想が求められているのだろう。

第3に，ファイナンスの面でも，2020 年時点で急速に利用が拡大している電子マネー（pay）などの新決済は，「現金」決済扱いになることから，長年のクレジット販売による売掛債権の拡大問題を解決し，百貨店の基本である現金商法につながり，回収早期化というファイナンス効果をもたらすと考えられる。

2-2. 百貨店再活性化への着眼点

これからの百貨店については，従来の百貨店機能や構成要素をいったん分解し，必要な機能・要素で組み立てなおす発想（いわゆる「脱構築」アプローチ）が重要である。

百貨店に求められる機能を再考してみよう。商品品揃え（供給機能）は，ネット通販（アマゾンなど）やコンビニエンス・ストアが十分にその機能を発揮し，もはや百貨店に競争優位はないだろう。また，顧客が期待するリアルの店舗機能とは何だろうか。拠点がないとできない試着・選択，返品なのだろうか。人が集い交流する場，コミュニティ性であろうか。顧客に期待される新た

図8-4 百貨店のあり方：これまでとこれから（今後へ向けた着眼点）

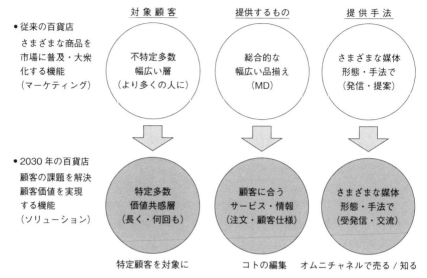

(出所) 筆者作成。

な基本機能で，店舗フォーマットを考えるべきである。

　従来の百貨店は，さまざまな商品を市場に普及・大衆化する機能（言い換えれば，マーケティング機能）が中心であったが，これからの百貨店は，顧客を特定し，その顧客の生活課題を解決し，顧客価値を実現する機能（言い換えれば，ソリューション機能）へとスタンスを変更して，そこから具体的な施策が構想されるべきだろう（図8-4）。

3. これからの百貨店の新たな戦略方向

　これからの百貨店のあり方について，現在からの延長で考えがちな3～5年の中期視点でなく，2030年時点くらいを見据え，構造課題を抜本的に改革するために，次の5項目の戦略方向（図8-5）を構想することができる（宮副，2016b）。

図8-5 「2030年の百貨店」：5つの変革アクション

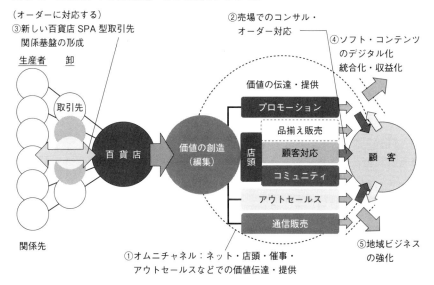

（出所） 宮副（2016b）。

3-1. オムニチャネル・リテイリング

　これからの百貨店は，ネット販売・店頭販売・催事・外商などオムニチャネルを前提としたMD（価値の創造）とコミュニケーション（伝達），販売（提供）を行う体制になると考えられる。

　「オムニチャネル・リテイリング」とは，消費者がリアル店舗で見た商品をネットで詳しく調べて購入決済し，家への配送で商品を受け取る，あるいは逆に，ネットで探索した商品をリアル店舗において実際に目で見てサイズを確かめて購入するプロセスに沿って，小売業が複数のチャネルを適宜活かしながら，一貫した流れで顧客対応する販売形態である。

　百貨店は，自らの重点顧客に対し，重点商品を販売することとし，全商品を万人向けにオムニチャネル展開することを急ぐ必要はないだろう。たとえば，松屋銀座の「ジ・オフィス」のような女性経営者，エグゼクティブ・ウーマン層のような戦略顧客を対象として，そのビジネスやライフスタイルを利便向上

させる MD やサービスを充実し，予約・通販・外商・お届けなどの営業活動
を発展的に拡大していくイメージではないだろうか。

3-2. マス向け品揃え販売型から個客のオーダー対応型へ

ICT が進化し，メーカーのものづくりが受注生産型へと大きく変わる。たと
えばファッション商品では，顧客は百貨店店頭やネット端末から個別オーダー
し，その製造がメーカー・工場でなされて顧客に届く（店頭でのコレクトも含
め）形が想定される。具体的には，①アパレル商品は，企業ごとにブランドを
集約し，現在のブランド別単体の売場より広めのサロン型売場で接客し，ネッ
トで MD 補完する，②ニットやボトム，洋品雑貨など平場単品は，顧客ニー
ズに合わせて個別オーダーで商品を制作し，売場に取り寄せるか，あるいは自
宅へ配送するといった売り方が考えられる。

3-3. 新しいものづくりの関係基盤

このような新しいオーダーに対応するメーカーや産地・工場（取引先）など
のものづくり体制，組織化，関係基盤の形成・整備が重要となる。この点です
でに始まっている事例として，ファーストリテイリングと島精機による「イノ
ベーションファクトリー」の連携や，縫製工場をネットワークし，ネット通販
とリアル店舗での試着相談で構成するファッション・ビジネス「ファクトリ
エ」の営業活動などにその端緒がみられるので，それを参考に構築する。

3-4. 商品情報・販促・接客ノウハウなどのデジタル・コンテンツ化

百貨店がもつ商品情報・販促イベント・接客のノウハウなどを「生活文化の
コンテンツ」としてデジタル画像化するとともに，そのコンテンツをカタログ，
チラシ，ウェブサイト，売場店頭の情報発信に統合的に活用する。さらにそれ
を教材として，社内教育・人材育成にも広く活用できるだろう。

商品情報のコンテンツ化

たとえば，お中元・お歳暮・おせちのカタログなどは，商品についての生産
地・生産者の情報，背景などこだわり情報が満載である。正月のおせち料理に

は，その食材にいろいろな思いが託されている。蒲鉾は「日の出」，伊達巻は昔の文書が巻物だったことから「知恵」を象徴する。昆布や海老は「健康長寿」，数の子は「子宝と子孫繁栄」を祈るなどの意味がある。百貨店の中元ギフト・カタログでも「世界農業遺産の商品」「大学発の次世代グルメ」（以上，三越伊勢丹）など各社独自のテーマで商品が編集されており興味深い（しかしながら多くの人に，とくに若い層にほとんど認知されていないのが残念である）。

このような商品や生活様式に関連した価値の高い情報は，カタログやチラシなどの紙媒体にとどまらず，映像化，デジタル化してより効果的に情報発信に活用すべきである。

販売トークのコンテンツ化

百貨店バイヤーや売場販売員の接客トーク，販促イベントなどの販売情報もコンテンツ化を図る。たとえば，博多阪急の「コトコトを動画で紹介」は戦略的である。簡単なストレッチ・トレーニングの方法や魚のさばき方，パーティ・メイクの仕方などが公開されている。

3-5. 地域ビジネス

百貨店の強みは，催事・外商・通販・宅配といった販売形態の多様性と，その地域に詳しい人材による営業力・企画力である。地方百貨店は，従来の外商部機能と営業企画・販売促進部機能を統合して，これらを「地域商社」とも呼ぶべき組織とし，地域ビジネスについて専門の営業人員，企画運営人員を配備して，より本格的に取り組むことが重要と考える。

百貨店の地域商社は，地域の農林水産，食品加工，伝統工芸や観光サービス，スポーツ，文化など，さまざまな担い手が創造する地域価値（商材や活動など）を束ね，編集して，さらに価値を高めるとともに店内の営業企画にも活かし，百貨店の催事場，ギャラリー，ホール，プロポーション・スペースなどで販売・展開する。あるいは店舗外の販売チャネルをもつ強みを活かして，地域への外販，さらに東京や他地域へ外販することなどが考えられる。

4. 2030年の百貨店の店舗イメージ

4-1. 顧客がリアル店舗に求める機能

　オムニチャネル・リテイリングを前提とした場合，リアル店舗にはどのような機能が求められるだろうか。本節では，百貨店店舗の店頭機能として，次の10の機能を考える（図8-6）。

　顧客が来店した際の購買行動順に，①顧客を迎え商品分野やブランドを越えて全館的な売場の問合わせや案内を対応する「コンシェルジュ」，②メーカー企画を含む商品や生活テーマの「プロモーション／ワークショップ」，③オンラインで予約していた商品を受け取る「コレクト」，④商品を試着・試用する「フィッティング」，⑤顧客と販売員が相対する「コンサルティング」，⑥「オーダー」，⑦購入した商品を自分仕様として使えるように準備する「セッティング」，⑧「アフターメンテナンス」や⑨「買取・古着回収」などの機能が顧客の購買行動の流れに沿って配置されることが望まれる。さらに⑩顧客とスタッフ，あるいは作家やデザイナー間，顧客相互間の交流機能「コミュニティ」も加える。購入後（使用後）の感想シェアや情報交流が，リアルな場あるいはネットを介して展開される。

　上記がリアルの場で求められる顧客への機能であり，百貨店が顧客に向けて価値を提供するさまざまな実現技術ということができる。

　とくに現在は存在せず，あるいは対応が弱いが今後求められる新しい機能として，「コレクト」「フィッティング」「コンサルティング」，さらに「セッティング」と関連した「コミュニティ」について，以下に説明する。

　　コレクト──ネットで注文した商品を百貨店の店頭で受け取る拠点として，
　　　コレクト機能が必要になる。欧米百貨店の例では，コレクト拠点は，店舗
　　　顧客ターゲットに合わせ婦人服フロアに配置する場合と，車利用客の利便
　　　に対応し1階の駐車場連絡玄関に配置する場合の2通りがあるが，いずれ
　　　にしても，新しい顧客導入接点として重要になることは確実である。

図 8-6 百貨店リアル店舗における顧客への価値提供の実現技術（10 の機能）

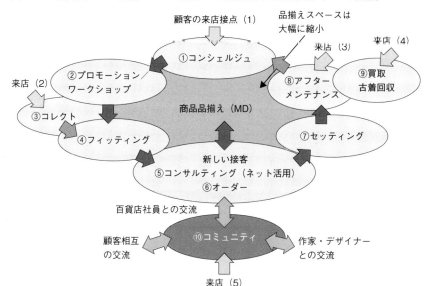

（出所）宮副（2016b）を加筆修正。

フィッティング——この機能は，商品選択・比較から購入の意思決定のプロセスに位置し，重要な部分である。戦略ターゲット顧客のテイストに合わせた空間設計や，関連サービスの設備が求められる。欧米の主要百貨店のようなパーソナルショッパー対応のクローズドなサロン型もあれば，アマゾン店舗のような最先端の ICT を活かした端末型まで，フィッティングの環境はさまざまに構想できる。

コンサルティング——商品やそれに関連する情報に詳しい専門性の高い販売員が，サロンやカウンターの環境で座って，丁寧に接客するコンサルティングが求められる。店頭在庫にないものを売場のネット端末で注文でき，オーダー発注するなどの対応もあって，今後は店頭での商品品揃えの量や面積よりも，このコンサルティングがカバーする商品や販売対応の専門性，利便性のほうが顧客にとって重要になる。先駆事例では一部の高質顧客向けだった価値提供の実現技術（サービス機能）が，今後は一般的に百貨店

のフロアで展開されるべき時代になってきたと考えられる。

セッティング——新しい機能として，購入した商品を自分仕様とするための
「セッティング」という機能も必要に思う。たとえば，個人用パソコンの
買い物では，購入後，インターネットやメール，プリンターが使えるよう
にするセッティングが重要だが，自宅にパソコンを持ち帰り個人でセッ
ティングするのはなかなか大変である。自分で行ってわからなくなり，結
局，再び購入店のカウンターにパソコンを持ち込むことになるなら，いっ
そのこと購入後の顧客が自らセッティングするものの，専門スタッフがそ
ばにいてアドバイスを受けられるようなセッティング・サービス・スペー
スが店舗に設けられてもいいのではないか。家電量販店のサポートはカウ
ンターでの受付であり，長時間かかるが，それに対し百貨店では座って相
談できるようなスペースを設けるとすれば，人手を介した「セッティン
グ」として機能し，強い差別化になる。

　ファッション商品でもセッティング機能は考えられる。服と雑貨を複数
購入した後には，持ち帰る前に店内のどこかの場でコーディネートを試し
て，さらに着こなしについて実際の購入商品について専門家のアドバイス
をもらいたくなる。そうした顧客の利便性と信頼性を高める「セッティン
グ」対応は，現在の百貨店には欠落している。

コミュニティ——この事例としては，1970年代に日本橋三越3階に設けられ
ていた「プラザ・コンテッサ：貴婦人の社交場」が現時点での理想形と考
えられる。そのネーミングが豪華で魅力的である。1972年の三越中元ギフ
ト・カタログに掲載されている情報からすると，「クリスチャン・ディ
オール」「森英恵」「パリ三越取扱い婦人ファッションブランド」などが配
置されたフロアのなかにあり，ファッション・ショーなどのプロモーショ
ンが展開される喫茶空間で，顧客が収集した商品情報を咀嚼する時間を提
供し，顧客とデザイナーあるいは顧客間などでのコミュニティの交流機能
が発揮されていたようである。

　またリアルな場でのコミュニケーションだけでなく，SNSなどネット

上のコミュニケーションも連携し，メタバース技術なども含め多様な場で
のコミュニティの形成とその活発化が期待される。

　2030年の百貨店の店頭では，常備の商品在庫，品揃え販売という業務
が集約され，顧客に向けたリアルならではの機能，試着，コンサルティン
グ，プロモーション，顧客交流といった，顧客への価値提供の実現技術
（サービス機能）が装備されることが重要となる。

4-2. 商品・装置型産業から，サービス・時間型産業への変革

　従来の百貨店は，多様な商品（モノ）が大規模な店舗・売場に集積されるこ
とが競争優位で関心事であるという「装置型産業」であった。しかし，本章で
みてきたように，これからの百貨店は，顧客のためのさまざまな生活に有効な
情報・サービス・商品が適時に提供される，そのような機会が充実した「時間
型産業」に変革するべきと考えられる。店舗・売場で顧客に期待されるのは，
リアルならではの（前述のような）顧客のための実現技術による場の再構築で
あり，サービス化がさらに増幅され，百貨店の場の価値が向上するという考え
方である。

　他の業態にない広く深い商品情報をもつことから現在は，売場でリアルに開
催・展開される売出し企画・販売促進イベントや，高い専門知識や技術を伴う
販売員の接客行為は，今後，百貨店の重要な価値あるコンテンツとして，デジ
タル化され，店頭の情報化やオンラインのオンデマンド配信など，新しい営業
活動に活用されていく。それらがスマートフォンのアプリや動画を通して顧客
との接点を増やすことで，顧客の生活時間においてどれだけシェアを確保でき
るのかが競争優位のテーマとなると思われる。そのような変革ができることで，
これからの百貨店は将来に高い可能性をもっている。

4-3. 生活カルチャー，コミュニティ・ストア（活動体）への変革

　図8-7にある商品・販促・接客のコンテンツとは，どのようなテーマが，ふ
さわしいだろうか。百貨店企業がこれまで営業資産（リソース）としてももち，
他の業態の差別化となり，2030年代の消費者に求められるテーマとしては，
生活視点でのさまざまな商品の使い方・コトの楽しみ方の情報や，教養ともい

図 8-7 「2030 年の百貨店」のあり方：サービス×時間型産業への変革

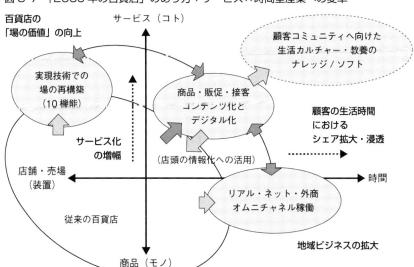

（出所）　宮副（2016b）。

えるようなその生活や商品の文化的な背景・意味づけ・ストーリーという「生活カルチャー」とするのがいいであろう。

　それについてナレッジやソフト，そして商品を編集し，提供形態としては，ネット・オンラインでも店舗売場・施設でのリアルな情報交換・交流を展開していくとよいのではないだろうか（図 8-8）。

(1)　顧客コミュニティを基本に，生活分野の教養を高め交流する装置・仕組みを構築する（各生活テーマごとに学びの場と関連商品の売場を配置する）。
　　　「コミュニティ」＋「学びの場」＋「関連商品の売場・サービス」

(2)　それらの統合的な運営は，百貨店の基本機能＝統合管理機能を新しい形で発揮することになる（パスダーマジャン〔Pasdermadjian〕の理論を活かす）。

(3)　この仕組みにより，コミュニティにおいて生活活性化意欲の高い顧客を育成できる。
　　　潜在的顧客→買上顧客→リピーター→長期関係顧客

図8-8 「2030年の百貨店」店舗モデルとしての「生活カルチャー・コミュニティ・
　　　ストア」のコンセプト

● 顧客コミュニティを基本に，生活分野の教養を高め交流する（学びの場と関連商品の売場を再配置）

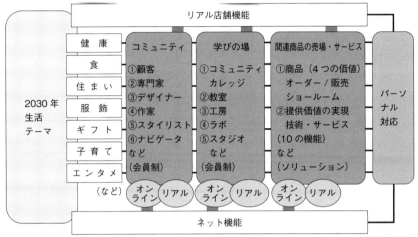

（出所）　筆者作成。

(4)　コミュニティ顧客＝会員向け価値提供となることで，売場イベント，情
　　　報発信，企画運営百貨店ノウハウの収益化が実現できる。

　百貨店の店舗は，従来，商品の売場と生活文化・教養の講座が開催される文
化教室は，物理的に別の場所にあったが，今後生活テーマごとに社員が顧客と
のコミュニティを形成し，売場を学びの場と商品紹介の場として同じ場所で隣
接して展開するような再配置が可能となる。それにより，百貨店の生活文化・
教養の伝達と提供がいっそう強まり，顧客コミュニティの支持が高まると考え
られる（図8-8参照）。
　図8-8の店舗モデルをいち早く，店頭の現場で社員が顧客に向けて教える立
場で取り入れている事例としては，鶴屋（熊本）の「鶴屋ラララ大学」があげ
られる。

第9章

コミュニティ型マーケティングの
仕組みとその変化

この章で学ぶこと／考えること

- 企業のマーケティング活動は，多様化する消費者の意識・行動への対応や
競争激化から，日々進化し，従来のマーケティングのフレームワークでは
説明しづらい事象も増えてきた。

- 新しいマーケティング・フレームワークとして，「コミュニティ型マーケ
ティング」を提示する。価値の創造では，顧客となる層の生活課題を解決
する観点から製品付随のサービスまでをとらえる。

- 価値の伝達・提供では，企業が創造する価値に関心をもち共感する顧客と，
SNS・アプリなどデジタルな手段で常時接続できるコミュニティを形成
する。そこでは顧客間相互の交流も生まれ新たな価値が創発される。また
革新的な価値創造へ向け他企業とも積極的に連携し運営される。このよう
なフレームワークにより，現在進んでいる企業のマーケティング活動を的
確に説明できると考えられる。

1. 近年における企業の価値創造，伝達・提供

　近年の企業，とくにメーカーのマーケティング活動をみると，多様化する消費者ニーズを受け，あるいは激化する企業間競争から，より新しい考え方や手法に基づく特徴的な製品およびサービスの開発が活発になっている。これまでのマーケティングの考え方・見方（フレームワーク）だけでは，説明しづらい事象も増えてきている。

1-1. 価値の創造の新しい動向

　たとえば，製品階層化概念（Kotler, 1980）でみるとき，「製品のコア」「製品の形態」ではなく，最も外周部とされた「製品の付随機能」（製品の使い方・楽しみ方の情報やサービス）での差別化に力点が置かれることが多くなった（図9-1）。

　そのような例として，パナソニック「エオリア　アプリ」（スマートフォンで遠隔操作し部屋の空気の状態を把握）のような新たなサービス機能が加わった例にとどまらず，花王とパナソニックが共同で開発したスキンケア商品「バイオミネシス　ヴェール」（美容液とそれを吹き出す機器が一体化して）価値が実現する製品），などがあげられる。

　テスラ電気自動車の「オーバー・ザ・エア（OTA）機能」，パナソニック・オーブンレンジ「ビストロ」（購入後に製品機能を更新可能）など，企業と購入者との継続的な関係（とくにデジタルでつながった関係）があることを前提に，購入後に機能が更新され，購入者の使い勝手や希望に沿ってモノとサービスが揃い，購入者仕様に育っていくような製品戦略がみられる。

　また，価格戦略についても一物一価でなく，企業と顧客との継続的な取引関係を前提として，「サブスクリプション」（定額課金制度）など多様化の動きが著しい。

1-2. 価値の伝達・提供の新たな動き

　価値の伝達・提供の面でも，インターネット通信やスマートフォンなど情報

図 9-1　製品戦略理論：3層の「製品の概念」（コトラー）でとらえる

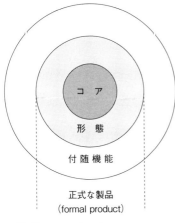

● 製品のコア（core product）
中核となるベネフィット（便益），顧客の
本質的なニーズを満たす機能そのもの

● 製品の形態（tangible product）
製品のコアを買い手に見えるようにする
デザイン，パッケージ，ブランド・ネーミング

● 製品の付随機能（augmented product）
使い方・楽しみ方の関連ソフト，アドバイス，
アフターサービスなど付加機能

→ 最近は，ここについての差別化が顕著

正式な製品
（formal product）

（出所）　Kotler（1980）。

機器の高機能化や，デジタル化がいっそう進んだことから，コミュニケーションの仕方に変化がみられる。

　第1に，製品宣伝よりも顧客コミュニティの形成を優先する動きである。たとえば，P&G の「マイレピ」（複数の顧客セグメントや生活テーマに分けたウェブサイト構築），キリンビールの「**Third Kitchen Project**」（飲食店シェフと地方の食材生産者をつなぐコミュニティ）などである。

　これは，消費者行動論の研究者であるソロモンの学説でも述べられている（ソロモン，2015）。伝統的コミュニケーション・モデルから新しいコミュニケーション・モデルへの変化を示すのが，図 9-2 である。

　ソロモンによれば，伝統的コミュニケーション・モデルは，企業などの発信元が，メッセージ（コンテンツ）を制作し，それを，媒体を通じてさまざまな消費者に発信し伝達する。そしてその伝達の結果が把握され，発信元にフィードバックされるという見方であった。

　しかし，新しいコミュニケーション・モデルとされるのは，「コミュニケーションの媒体」が送り手と受け手の間に存在し，その媒体にさまざまな送り手が情報を送り込む，あるいはそこから受け取る。さまざまな受け手もそこから情報を受け取る，あるいは，送り込む。場合によっては受け手間相互でやり取

図9-2　伝統的コミュニケーション・モデルから新しいコミュニケーション・モデルへ（ソロモンの理論）

● 伝統的コミュニケーション・モデル

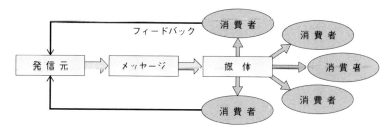

● 新しいコミュニケーション・モデル

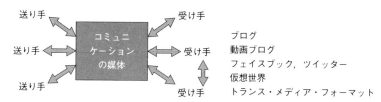

（出所）ソロモン（2015）357, 359頁。

りもするという見方である。ソロモンは，そのコミュニケーション媒体の具体例として，ウェブサイトのブログや動画ブログ，SNSのフェイスブックやツイッターなど，また仮想世界やトランス・メディア・フォーマットなどをあげている。その解釈の延長で筆者が付け加えるならば，「メタバース」などもその例といえるだろう。まさにデジタルなコミュニティの形成が重要ということである。

　第2の動きは，インターネット活用による価値の伝達と提供の融合である。コミュニケーション・チャネルであったインターネットでの購買比率が高まり，一方でリアル店舗は，販売のチャネルというより，企業と顧客の交流・体験などコミュニケーションのチャネル機能が高まってきた。

　このように，マーケティングの基本である価値の創造・伝達・提供の考え方は変わらないまでも，製品の捉え方や顧客へのアプローチなどの展開面においては，従来の手法では説明しづらい事象が数多くみられ，新しいマーケティング・フレームワークが求められるようになってきたのである（図9-3）。

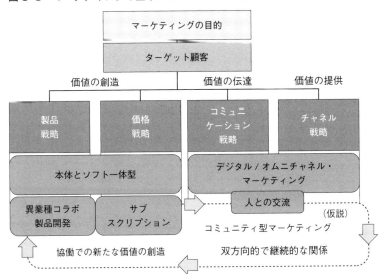

図9-3 マーケティングの基本フレームワークと企業の新しい動き

```
         マーケティングの目的
          ターゲット顧客
   価値の創造      価値の伝達      価値の提供

   製品      価格    コミュニ      チャネル
   戦略      戦略   ケーション     戦略
                   戦略

   本体とソフト一体型      デジタル / オムニチャネル・
                        マーケティング

 異業種コラボ    サブ           人との交流
 製品開発    スクリプション                (仮説)
                       コミュニティ型マーケティング
   協働での新たな価値の創造      双方向的で継続的な関係
```

（出所）　筆者作成。

2. 新しいマーケティング・フレームワーク導出の考え方

　新しいフレームワーク導出のアプローチとして，第1に，企業が創造する価値については，顧客が使用する場面（コト）を想定した顧客視点での価値を考える。すなわち従来の狭い製品の概念（product）から付随機能にまで概念を広げ，顧客にとってのソリューションというサービス（service）の設計（サービス・デザイン）に至る（図9-4）。

　第2に，価値の受け手（対象）は，最初から直接の購買想定顧客をターゲットとせず，企業や製品の価値に関心をもち，共感する顧客層（潜在的顧客）をコミュニティとしてとらえる。すなわち，価値の受け手は，顧客（customer）という以前にコミュニティ（community）であると考える。

　第3に，企業と顧客のコミュニケーションのあり方も，従来の基本的なマーケティング・アプローチ（セグメンテーションからターゲティングへという絞り込み：STPアプローチ）ではなく，企業や製品（新しい意味での製品）の価値を的確

図 9-4　新しい価値の創造と顧客の捉え方

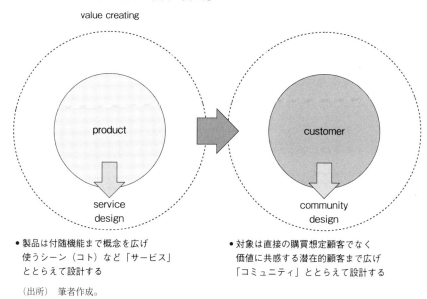

value creating

- 製品は付随機能まで概念を広げ
  使うシーン（コト）など「サービス」
  ととらえて設計する

- 対象は直接の購買想定顧客でなく
  価値に共感する潜在的顧客まで広げ
  「コミュニティ」ととらえて設計する

（出所）　筆者作成。

に発信し，消費者の認知・関心・欲求を高めていくアプローチが求められる。しかもそれはデジタル手法により企業が顧客と常時接続でき，企業と顧客の反応が顧客間でも可視化できることを前提として可能になるものと考える。そのうえで，リアルな顧客体験のコミュニケーションも重視し，さまざまな機会を通じて顧客の共感を高められるようにする。

　このようなアプローチから新しいマーケティング・フレームワークとして構想したものが，「コミュニティ型マーケティング」の考え方である。次節で詳しくみていこう。

3.　コミュニティ型マーケティングの考え方

　コミュニティ型マーケティングのフレームワークは，図 9-5 のように展開されると考えられる。ここでは，企業と顧客の関係を「BC の関係」，顧客間の関係を「CC の関係」，企業間の関係を「BB の関係」と名づける。

3-1. 企業から顧客への働きかけ（「BC の関係①」）

BC-1：企業が主宰して顧客コミュニティを形成

　企業は，顧客となる層の生活課題を解決する観点から，製品の付随機能まで
をとらえた価値を創造し，その価値を伝達するに際して，SNSやアプリなど
デジタルな手法で顧客と常時接続した関係を形成する。そこでは購入見込み客
に向けての直接的な売り込みによる広告宣伝アプローチでなく，企業が創造す
る価値に関心をもち共感する顧客（関心をもった段階の潜在的顧客から，すでに購
入したリピーターやベテラン顧客まで）との関係づくりを第1に考え，顧客にとっ
て居心地のよいコミュニティ内環境に留意する。

　コミュニティ入りした顧客は自分の関心に応じた情報を得やすくなり，また
他の顧客の意見や活動も知ることができて，自発的な情報発信や顧客間相互の
交流が促される。

　たとえば，ホンダの多目的スポーツ車「ヴェゼル」のフル・モデルチェンジ

図 9-5　新しいマーケティングの捉え方としての「コミュニティ型マーケティング」の
　　　　考え方とその全体像

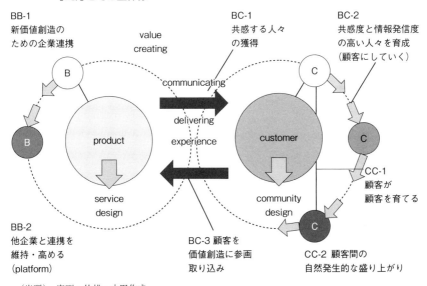

（出所）　宮副・竹雄・水野作成。

【コラム】 共感とは

　共感については，英語でいう「シンパシー」（sympathy）と「エンパシー」（empathy）どちらでとらえるかという論点がある。シンパシーとは，他者の感情に対し共感する感情の同一性を示すこと，エンパシーとは，他者と喜怒哀楽の感情を共有すること，もしくはその感情のことといわれる（いずれもWikipediaより）。よりわかりやすく端的にいうならば，シンパシーは「同情」で仲間意識をもつレベルであり，エンパシーは，さらに「感情移入」する一歩踏み込んだ人間関係に必要な能力でもある，ということになろうか。

　本書では，共感とは，相手の考えを以前から自分も思っていたというように感じ，相手の考え方を違和感なく感じる瞬間であり，この感覚が継続していることが「共感している」という状態であると捉えておくことにする。そして，強い共感は同じ価値を探求したいという思いとなり，その活動のなかで見出される発見や意見は，他者にも伝えたくなり発信や会話が行われる場となる「コミュニティ」が形成されることになると考える。

　さらに，発信者のコンテンツに同感し，発信者に同感をフィードバックすることや，そのコンテンツを他者へ同じ内容で発信する，他者に対し発信者とは違う表現をするといった行動が考えられる。そこでは同意・同感にとどまらず，自分なりの解釈が加わる場合もあり，元の発信者の意図しない「新しい価値」が生み出されることもあるだろう。そうした意味で，メンバーの交流から，共感をベースにコミュニティが自走する可能性も指摘しておきたい。

に際し開設された「グッド・グルーヴ・ヴェゼル」というウェブサイトやSNSアプローチがあげられる（2021年）。そこでは車の機能などの商品紹介をせず，ヴェゼルの世界観や車のある生活を楽しむ人々の体験などについて発信し，顧客の関心と共感づくりを行っている。

BC-2：共感度と情報発信度の高い顧客を活用

　企業から顧客へのコミュニケーションでは，企業が創造する価値を顧客に共感してもらい，顧客のコミュニティ参加を促すことから始め，製品サービスの使用感を自発的に活発に情報発信する顧客へと育成し，その顧客の価値伝達の

行動を活用する。従来から取り組まれてきた著名人のアンバサダーやインフルエンサーを活用するだけでなく，一般人の顧客のなかからも共感度があり，他の人への推奨など情報発信度の高い顧客をデータなどから見出し，継続的に育成し活用することが重要と考えられる。

3-2. 顧客から顧客へ（「CC の関係」）
──コミュニティ内顧客の相互交流関係

CC-1：顧客相互の交流関係

顧客コミュニティにおける顧客相互作用を重視する。たとえば，生活テーマやスタイルについて先行する顧客（熟達者）が，入門顧客（初心者）を「育成」する動きを活用する。スポーツや音楽など趣味領域だけでなく，日常生活におけるライフスタイル領域でも，顧客間の相互交流から価値の伝達がなされており，そのような機会を増やしていく。

たとえば，東京・青山のオーガニック食品を扱う「ナチュラルハウス」では，会員が地方の有機栽培生産者の農園に出向く活動や，オーガニックな食材での料理教室などにおいて顧客間交流が進み，SNS などを通じて顧客が生活体験をシェアしたり，商品を推奨したりするような顧客相互での自発的な価値の伝達が行われている。

CC-2：顧客間交流からの自然発生的な話題の盛り上がり

顧客コミュニティにおいて，一部の顧客が発見した製品のよさ，企業が意図しない製品の使い方・楽しみ方が顧客間で共感され，話題が盛り上がることがある。それが，新しい製品の魅力や価値になっていく創発的な動きである。事例としては，花王「ニベア」では企業が意図しない形で「デコ缶」「銀缶」がクチコミで人気となった。またロッテ「クーリッシュ」は，子どもが手を汚さず食べられるアイスという価値を母親が見つけ，コミュニティ内でコメントしたことがきっかけで，それを読んだ別の顧客が共感しコミュニティ内部で広まり，製品の新たな価値となった。

3-3. 顧客から企業へ（「BCの関係」②）

BC-3：顧客を価値創造へ取り込む

　企業はコミュニティ内顧客の反応を的確に発見し，創発的に生まれる新しい価値も企業活動に取り込むことが重要となる。

3-4. 企業と企業の協働（「BBの関係」）
　　　──他社連携による革新的な価値創造へ

BB-1：他企業と連携し，新製品開発や価値の伝達・提供を協働

　既存の企業内だけの発想や技術リソースでは生まれない革新的な新製品の開発が可能になる。最近の事例としては，花王とパナソニックとの共同開発による化粧品の新製品「EST：バイオミメシス　ヴェール」がある（2019年12月発売）。花王の最先端技術「ファインファイバーテクノロジー」を応用し，極細繊維を肌に吐出し，肌上に積層型極薄膜をつくり，美容液で湿潤する新たなスキンケア化粧品・器具を開発した。この新製品は，顧客の個別ニーズに対応できるものであり，マシン一体型製品である点でも興味深い。

BB-2：他企業との連携を強め，関係を維持・継続

　企業と企業との連携は，新製品開発イノベーションに限らず，企業双方がもつ経営資源の共有化によってマーケティングの拡大をもたらす。これに当てはまる動きとしては，ホンダとソニーの電気自動車（EV）事業での提携（2022年）などがあげられる。また企業連携によって，連携先の広告コミュニケーションや販売チャネルの顧客を，自社の顧客とすることができ，組織的に，安定的にマーケティング機会を獲得することになる。

4.　コミュニティ型マーケティングの適用事例

　コミュニティ型マーケティングのフレームワークを適用して，企業の価値の創造，伝達，提供の活動における特徴をみてみよう。ここでは，東京・青山に店舗・拠点を構える3社を事例として取り上げる。

4-1. ファッション・ブランド「コム デ ギャルソン」

　株式会社コム デ ギャルソンは，イノベーティブな感性に共感する顧客の心を長年にわたり摑み，堅調な売上を維持するデザイナーズ・ブランドである。

　コム デ ギャルソンの価値の創造は，デザイナー川久保玲の独自性・革新性の一言につきるであろう。しかし，長い歳月を経るなかで，デザイナー川久保玲が後継者育成を行い，自社のブランド・デザイナーとなった事例が，「ジュンヤ・ワタナベ（JUNYA WATANABE）」「ジュンヤ ワタナベ・マン（JUNYA WATANABE MAN）」の渡辺淳弥，「タオ（tao）」の栗原たお，「ノワール ケイ ニノミヤ」の二宮啓の3名である。

　さらに，コム デ ギャルソン出身者で独立して新たなブランドを展開するデザイナーとして，「GANRYU」の丸龍文人，「sacai」の阿部千登勢があげられる。これらブランドの顧客は，そのデザイナーの源流であるコム デ ギャルソンの創造する価値にも共感し，コム デ ギャルソンの顧客になることも多くあるのではないかと思われる。このように，コム デ ギャルソンは，デザイナーの才能を育成し続けることで，事業拡大につながり，顧客拡大にもつながる，まさに，インキュベーション（事業創出支援）・タイプのコミュニティを形成している（図9-6）。

　価値の伝達の面では，まず川久保の価値である，ファッション（衣服）にとどまらない，その空間性・時間性のある「Experience」であり，さらにいえば，彼女のイノベーティブな価値観や生き方である。そうしたことを体験・経験としていかに顧客に確実に提供できるか，その担い手として，店舗空間やシーズンごとに展開される店舗のイベント販売，販売スタッフが重要となっていると考えられる。

　また，パリ・コレクションでの新作発表を起点として，企業本体およびコレクション招待者のバイヤー，ジャーナリスト，アーティストを通して顧客への働きかけが行われている。それと同じくらいの力をもって，コム デ ギャルソンは，有名無名問わずその創作に共鳴するアーティストや写真家などの作品とコラボレーションすることによって印刷物や店舗デザインで消費者にイメージを訴求している。

図9-6　コム デ ギャルソン：コミュニティ型マーケティングの全体像（筆者の考察）

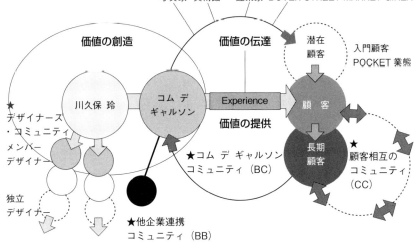

（出所）　加藤（2022）36頁。

　コム デ ギャルソン顧客内で形成されるコミュニティのメンバーとしては，SNSの熟達者や入門者が考えられる。入門者はSNSなどで熟達者の着こなし，デザインの魅力を学び，参考にして衣服を選択しているケースが見受けられる。

4-2. 食などのオーガニック・ライフ専門店「ナチュラルハウス」

　ナチュラルハウスは，1982年から青山に本社および店舗をもち，オーガニック食品およびオーガニック化粧品を製造販売している会社である。CSA（community supported agriculture：地域支援型農業）活動という，農業生産者と消費者を結びつける活動やオーガニックの啓蒙・普及活動に取り組んできたが，このライフスタイルにおける長年の実践者・熟達者へ向けて，それを深めるマーケティングを展開するともに，常に新しい顧客（潜在顧客）にもライフスタイル入門を広めるマーケティングもあわせて展開している（図9-7）。

　ナチュラルハウス青山店の店頭は実に興味深い。オーガニックの価値と意味を初心者にもわかりやすく伝える番号順のPOP表示が，店内に設置され，1

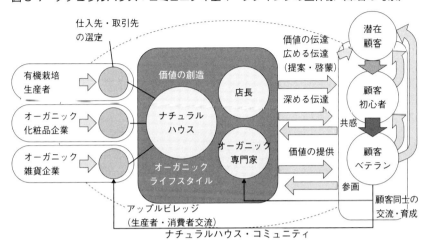

図9-7　ナチュラルハウス：コミュニティ型マーケティングの全体像（筆者の考察）

（出所）　水野（2022）81頁。

から始めて読んでいくうちに店内の売場を回遊するように誘導される面白さがある。さらに顧客となった後は，試食会などのさまざまなイベントに参加することで，オーガニックについての知識を深めながら，その高い品質を体験できる。

　ナチュラルハウスは，マス広告を行わず，女性向けのオーガニック関係や健康関係の雑誌のパブリシティによって価値の伝達が行われている。この点もコミュニティ型マーケティングにおける同社の特徴だろう。

　また，店内で定期的に行われるオーガニックな食や美と健康に関係するワークショップや，CSA活動の一環として開催される農場視察ツアーなどが，店舗社員と顧客，生産者と顧客の交流を進展させている。さらに，長年オーガニックなライフスタイルを継続する「熟達顧客」が，「入門顧客」に自らの経験に基づく生活知を語るなど，顧客間コミュニティも活発である（熟達顧客を対象とした「マイ顧客」制度が各店舗で運営されている）。

4-3. インテリア「アクタス」

　アクタスは，湯川家具「ヨーロッパ家具：青山さるん」を前身とする「青山

企業」である。1960 年代からヨーロッパ高級家具を輸入販売するとともに，北欧カジュアル・インテリア「IKEA」も日本に導入した（日本進出第 1 期）。生活雑貨やアパレルのマーチャンダイジング（MD）に加え，空間を具現化し顧客が体感できる飲食も開発，さらに空間デザイン・建装のコントラクト・ビジネス（企業向けビジネス）にも業容を拡大している。まさに，企業理念（ミッション／ビジョン）のもとに事業を起こし進めることで，既存の業種・業界を超えたライフスタイルの価値を創造し，伝達，提供する企業となって発展してきたといえる。

　消費者向けビジネスでは，ヨーロッパの高感度でありながら手頃な価格のカジュアル・インテリアから顧客を導入し，しだいにベター，プレステージ高価格帯に育成するコミュニティ戦略が特徴である。価値提供チャネル（卸販売）でも全国の有力インテリア小売業のコミュニティを形成し，価値創造でもヨーロッパ・メーカーと長年取引関係を継続して独自の編集を行うなど，さまざまな段階でコミュニティが形成され，それを活かしたマーケティングが展開されている（図 9-8）。

　アクタスの MD は，一定のテイストを好む顧客の全生活，生涯をカバーするビジネス展開になっている。たとえば，若いファミリーを IKEA レベルのカジュアル・インテリアや生活雑貨でアクタス顧客コミュニティに導入し，長い年月をかけて，アクタス・テイストの住のライフスタイルを育成し，しだいに高感度で高価格なヨーロッパモダン家具を買う顧客に育ってもらうという展開が可能になる。アクタスの MD が，カジュアル・インテリアと，高感度・高価格なヨーロッパ・モダンのインテリアという 2 つのグループからなることから可能になったコミュニティ型マーケティングといえるだろう。

5. コミュニティ型マーケティングの特徴

　コミュニティ型マーケティングの考え方は，新しいマーケティング・フレームワークとして，以下のような特徴をもち，学術的・実務的な貢献に資すると考えられる。

図9-8 アクタス：コミュニティ型マーケティングの全体像（筆者の考察）

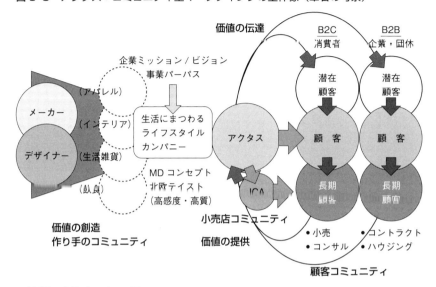

（出所）佐伯（2022）103頁。

5-1.　顧客機能の拡張

　コミュニティ型マーケティングでは，顧客は価値の受け手であることにとどまらず，作り手の価値創造にも貢献するという点において，顧客の役割が従来のマーケティング理論よりも広くなっている。すなわち，顧客の反応が企業側に遡上して影響を与え，結果として顧客自身が享受する価値が高まるという相互関係性がある。また，企業や商品の価値に共感して長い間ユーザーになった顧客が，自発的に評判を周囲に拡散することで価値の伝達を行い，潜在的顧客や新しくユーザーになった顧客に情報を与え関与を高めるという，まさに「顧客が顧客を育てる」ことにもなっている。このように，コミュニティ型マーケティングは，顧客の主体的活動が，主要素としてマーケティング・プロセスに組み込まれたフレームワークということができる。

5-2. 実数でのマーケティングが可能

　企業が形成した顧客コミュニティにおいて，企業は潜在的顧客から顧客の反応を実数データで把握でき，その状態を踏まえて次の打ち手を企画し，的確に対応できる。従来のような顧客セグメントを仮想するマーケティングと比較し，格段に精度の高い活動を実践できることになる。さらにいえば，ある仮説をもって SNS アプローチして，その反応結果を迅速につかめ，修正が必要であれば次なる対応を行うというサイクルが回せるようになる。

5-3. コミュニティ・タイプのとらえ方の可能性

　顧客コミュニティのタイプは，次のように4つに分類できる。
(1)　商品ブランドのファンのコミュニティ（例：「コム デ ギャルソン」「ヨックモック」など）
(2)　プロフェッショナルなタレント（アスリート，アーティスト，クリエイターなど）のファンのコミュニティ（例：「東京ヤクルトスワローズ」「エイベックス」「ほぼ日」など）
(3)　ライフスタイルの共感に基づくコミュニティ（例：オーガニック・ライフスタイルの「ナチュラルハウス」，インテリア・ライフスタイルの「アクタス」，スポーツ・ライフスタイルの「ニュートラルワークス（ゴールドウイン）」など）
(4)　法人営業における組織化された顧客群（例：金融機関，広告代理店，コンサルティング・ファームなど）

　そのなかで，(1)商品ブランド，(2)プロフェッショナルなタレントに関するコミュニティについては，「ブランド・コミュニティ」や「ファン・コミュニティ」などの研究がこれまでなされてきた。

　しかしながら，(3)ライフスタイルに共感する顧客群を，コミュニティとしてとらえることを本書としては，とくに新たな見方として強調したい。すなわち，「コミュニティ型マーケティング」は，とりわけライフスタイルの共感に基づくコミュニティへの適用可能性が高いと考えられるからである。すなわち，すでにあるオーガニックやスポーツなどのほかにも多様なライフスタイル領域を開拓でき，また企業が消費者に向けた価値を創造する際に，関連するライフス

タイルのテーマやソリューションをいかに設定するかによって，数多くの顧客コミュニティが形成でき，「コミュニティ型マーケティング」適用の可能性がいっそう広がると考えられるのである。

　メーカーが製品を企画・開発し，発売しようとするときには，従来の発想で製品づくりをするのでなく，顧客視点で顧客が使うシーン（コト）などをライフスタイルの視点でとらえていく。そうするならば，そこに新たなライフスタイルがまだまだ数多く生まれ，「コミュニティ型マーケティング」の適用の可能性が大いに期待されるのである。

これからの流通

この章で学ぶこと／考えること

- 従来はコミュニケーションのチャネルであったインターネットが，購買の
チャネルとして利用され，一方で流通チャネルであったリアル店舗は，企
業と顧客の交流や体験などコミュニケーションのチャネルとして機能する
ようになってきた。

- インターネットは，長年チェーンストアが担ってきた全国への流通・普及
機能を代替するようになってきた。とくに，アマゾンは，膨大な購買デー
タから需要予測を企業に提供し，消費者個人には次の購買をリコメンドし，
消費生活をリードする動きが高まっていくものと思われる。

- ICT によるデジタル化の進展に伴い，生産者と消費者とが直接結びつき
（多様で自由に結びつき），常時つながる関係が形成されることで，従来，生
産者から消費者への垂直で一方向のモノの流れにおいて，双方の懸隔（へ
だたり）を埋めるとされた流通の機能は，今や，よりよく取引を始めるた
めの関係づくり（マッチング）の機能へと大きく変化していく。そのよう
な関係づくりから収益化できるビジネスモデルが，これからの流通の姿に
なっていくのではないだろうか。

1. コミュニケーション・チャネルとしてのリアル店舗

コミュニケーション・チャネルであったインターネットでの購買比率が高まる一方で，流通チャネルの1つであったリアル店舗は，今や販売機能というより，企業と顧客の交流・体験などコミュニケーションのチャネルとしての機能をもつように変化している。いわば，「コミュニティ型小売業」という形態である。

1-1. アメリカ・ポートランドにみる「コミュニティ型」の小売業

消費者の生活意識・生活様式について，日本より数年先行しているとされ，地域活性化で話題のアメリカ・ポートランドの実状をみるならば，新しい小売業の姿としての「コミュニティ型小売業」の事例を数多くみることができる（宮副・内海，2017）。

コミュニティの交流の場としての店舗

ポートランドでみる小売業（店舗）と顧客の関係は興味深い。すなわち，小売業（店舗）の活動の共感者・仲間が顧客として存在し（コミュニティが形成されており），店舗で実現させることが，ある場合には，仲間と交流する生活テーマのイベントであったり，そのコトをきっかけにモノが買われたり，出来事を振り返って会話するたまり場になっていたりという光景が，市内の家庭用品店，自転車店，生活雑貨店など，ごく一般に多くみられる。

実際，家庭用品店は，店内で開催される料理教室が売場よりメインなレイアウトであるし，自転車店は，日常的に自転車を修理してくれ，子どもに乗り方を教え，時に仲間でツーリングに行く楽しい集いの拠点になっている。

またクリエイターのワークのための用具・ウェアの店では，売場の奥は専門工具を共同で使えるワーク・スペースになっており，制作した作品の発表や販売の機会もその店舗が提供している。店舗は，モノを売る場を超えて，人々が交流し，人が人を育てる場にもなっているのである。

顧客層・商品コンセプトを共有する店舗同士のコラボ

　さらに，グリーティング・カードやノートなどのデザインで知られる文房具のクリエイターブランドは単独の店舗をもたないが，本社・工房が所在するビルの１階にある生活雑貨店の売場が，生活シーン別に展開されている。たとえば，書斎シーンには文房具，寝室シーンにはプリント柄の美しいシーツベッド・リネン，キッチン・シーンにはハウス・リネンなどが生活雑貨店の商品と一緒になって違和感なく陳列されている。

　そのほかにも，コーヒー店とクラフト店の店舗共存や，地域の有力な食品スーパーや書店が，売場内にローカル雑貨を編集したコーナーを設けるなど，価値を認める顧客層に最適なチャネルとして，企業（あるいは団体）がそれぞれ相互に相乗りして，価値の提供を行っている。

2. ICT・デジタルでできること

2-1. 生活の情報化とものづくりのパーソナル化

　ICT による生活の情報化は，確実に急ピッチで進展している。消費者の購買プロセスごとに利用可能な技術の進展をみていくと，①商品探索プロセスではネット（PC あるいはスマートフォン）からリアル店舗（売場）へ，あるいはリアル店舗（売場）からネットへ顧客を誘導する「O to O: online to offline/ offline to online」と呼ばれる手法が導入されている。②商品選択では「試着」がリアル店舗でしか体験できないこととして，ネットにないリアル店舗の強みとされる。一方で，先端的な「VR（仮想現実）」システムを活用した試着システムの開発・導入も試みられている。③決済では金融と連携した電子決済システム（fintech）の技術開発が進み，④商品入手・受取りでは，受取りボックスを街中やコンビニエンス・ストアに設置したり，リアル店舗で受け取るようにしたりする「ピックアップ」あるいは「コレクト」と呼ばれる仕組みや，高度なロジスティクス・システムが整備され始めている。

　また，⑤次世代通信規格「5G」の運用が 2020 年から始まったが，今後の進展によって大容量で高速の通信が可能になり，バーチャルな映像が空間として

リアルと同一な環境で体験できるようになると予測され，VR・AR・MR など
のデジタル技術進化により，「メタバース」など仮想空間でのビジネス化が一
気に進展するものと予想される。

　また，生産・ものづくりの場面でも，ICT 活用を前提として消費者の個別
ニーズに対応し，オーダーで製品を設計・生産，製品を届ける「オンライン型
製造小売業」がファッション分野から多数生まれている（アメリカ「エヴァー
レーン」「エムエムラフルール」，など）。今後，顧客が望むものが ICT を活用する
ことで短期に製造できる時代となり，従来のような既製品を店舗に品揃えして
販売する展開からは大きく変わっていくことが予想される。

2-2. 企業と消費者の新たなデジタル関係が生み出すもの

　企業発のコミュニティサイト，SNS，会員制アプリなどのデジタル手法によ
り，コミュニティ型マーケティングが進んでいる（第 9 章）。そこでは消費者は，
購入以前の潜在顧客の段階から常時接続の関係にあり，消費者は製品情報やイ
ベント情報を手にしている。さらに他の消費者の反応が消費者間でも可視化で
き，その発信に共感して（いいねを押して）関係が深まっていく。まさに消費者
は企業から「数多くのさまざまな情報を」「早い時期から長い期間」「常時継続
的に」入手し選択できる環境にあるのである。そして，このようなデジタル環
境は，生産と消費の関係も新しい見方を与えてくれるのではないだろうか。

　従来，流通機能は，生産者と消費者の懸隔（へだたり）を埋める機能とされ
たが，その関係も，このようなデジタル関係により新しくなるということだろ
う。すなわち，生産者がつくり出す商品の内訳が，モノと情報からなるとすれ
ば，これまでの流通では，モノと情報は一体で消費者に認識され，商品が消費
者の手元に届いた際に（商品の所有が移転した際に），モノと情報の価値が同時に
実感される。そして，これからの流通では，前述のようなデジタルなコミュニ
ティ型マーケティングのもとで，消費者は企業から「数多くのさまざまな情報
を」「早い時期から長い期間」「常時継続的に」入手し選択できる環境にあるの
で，商品のモノと情報の価値は別な形で認識されるのではないだろうか。情報
は先に消費者に届き，そこで価値が実感され満足される。モノは後からついて
きて，届けられ使用してから実感するという流れではないかと思われる（図

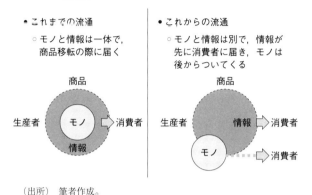

図終-1　生産者と消費者間における商品の価値伝達のあり方
　　　　の変化

● これまでの流通
　○ モノと情報は一体で，
　　商品移転の際に届く

商品

生産者　　モノ　　⇒消費者
　　　　　情報

● これからの流通
　○ モノと情報は別で，情報が
　　先に消費者に届き，モノは
　　後からついてくる

商品

生産者　　情報　　⇒消費者

　　　　モノ　　　⇢消費者

（出所）　筆者作成。

終-1）。

　たとえば，赤道直下の島の農場で栽培・収穫され，現地の経済に多大な寄与
をする特選のコーヒーが，フェアトレードで日本にもってこられ，高い専門的
な技術で焙煎された商品であるなら，消費者は，その SDGs 情報だけで商品を
選択し，顧客満足を得られるのかもしれない（実際，そうなるくらいの商品の価
値の伝達が重要である。まさに深い情報力の価値の伝達が競われている）。その後，モ
ノがついてきて，コーヒーの香ばしい香りや芳醇な味わいが実感されるという
流れととらえられるのである。

2-3. ICT デジタル機能——新しい商機や協働する相手の発見（マッチング）

　ICT 化・デジタル化の進展にともない，川上企業も消費者と直接結びつき，
従来垂直・一方向とされた流通チャネルの関係は，サーキュラー・エコノミー
の循環の形成も含めて，多様化・複雑化・自由に結びつき，取引を始める関係
になっていく。

　このように，新たな多様な関係性の構築が可能になるなかで，どの関係がよ
りよい取引関係となるのかといった関係の最適解を求めるニーズが生産者にも
消費者にも高まるものと予想される。新しい商機や協働する相手の発見（マッ
チング）の機能がいっそう求められるということである。

たとえば，特定商品分野の商品や価格比較や，評判を集めた「まとめサイト」は，この消費者ニーズに対応するものであろう。考えてみれば，現時点でビジネスが急拡大している「アマゾン」（第4章参照），「メルカリ」（第5章参照）も，またファッション・アパレルの「ファクトリエ」（消費者と縫製工場・企業をつなぐ）や「シタテル」（都市のデザイナーと地方の縫製工場をつなぐ〔第7章参照〕）もデジタル技術を活用したマッチング・サービスのプラットフォームになっているとみることができる。そこでは，関係の仲介・マッチングがなされることで，これまでにない関係が次々と生み出され，新たな価値の創造へとつながっているのである。

3. これからの消費者──セグメント層別の見通しと関係づくり

これからの小売業の外部環境としては，まず消費者セグメントの変化が著しいことが指摘できる。2030年時点を予測すると，人口の高齢化（団塊世代80歳代，団塊ジュニア50歳代），世帯の単身化（ファミリー層が顧客ターゲットの第1ではなくなる），外国人観光客・滞在客の増加と定着などがあげられる。

3-1. セグメント層別の見通し

（1）人口構造の変化──日本市場において，人口はすでに減少局面に入っているが，それでも人口のボリューム層の2つである団塊世代（1947～49年生まれ）と団塊ジュニア世代（1971～74年生まれ）がマーケティング的に注目される。これまでいくつかの消費のブームを生み出してきたからだ。そして2030年の注目点は，その2つの世代が，ともにシニアになっているということである。団塊ジュニア世代（子）が，団塊世代（親）を支えながら60代になろうとしているのが，2030年の社会状況なのである。

（2）家族構成の変化──2010年の時点で，すでに日本の世帯数は，夫婦と子どもからなる世帯の数（1447万世帯）よりも，一人暮らし世帯の数（1678万世帯）が多くなっている。今後，未婚率の上昇や団塊世代の死別・離別の増加などから，一人暮らし世帯はさらに増え，夫婦と子どもで構成される，いわゆる「ファミリー層」の世帯は減り続け，2030年代には後者は前者の6割程度

になってしまうと予測されている（三浦，2013）。百貨店やショッピング・センターが当たり前のように戦略ターゲットとしてイメージする「ファミリー層」は，2030年には，もはや主流でなくなるということである。

3-2.　セグメント層別対応の新しい見方

シニア層の増加のなかでその消費主体のとらえ方

今後高齢者人口がますます多くなってその市場対応が重要になっていく。そこでの留意点は，シニア需要の担い手・購入意思決定者は本人というよりも息子・娘世代であるミドル層であることに視野を広げるべきである。

アクティブな高齢者は，そのまま店舗に買い物に行く，あるいはネット通販を利用する消費者であるが，高齢化が進み，80歳代・90歳代の人口が増えていくと，その層は，自分で買い物し生活する消費者ではなく，介護や生活支援が必要な場合も多くなる。その層の生活を支えるのは，その子ども世代なのである。具体的には，身の回りの生活関連消費だけでなく，実家住宅の維持管理，金融資産の管理，さらには相続問題など住関連・ファイナンス関連・法律関連の情報やサービスの必要性が実需として高まる。それに対応するソリューション・バリューが小売業にも求められるのである。

Z世代の消費意識・消費行動の行方[1]

コトラー＝セティアワン（2022）によると，1997年から2009年の間に生まれた人々の集団を「Z世代」と呼ぶ。親やきょうだいが金銭的に苦労しているのを目の当たりにしたことがあり，「Y世代」（1980年代初頭から90年代中頃生まれ）よりもお金に関する意識が高い（合理志向）。貯蓄重視，キャリア選択で経済的安定を必須とみなす傾向があるという。

また，インターネット主流時代に生まれ（デジタル・ネイティブ），デジタル技術が学習・買い物・趣味など日常生活に不可欠という特徴がある（オンラインの世界とオフラインの世界の境界が存在しない）。また，個人情報をシェアする意欲が強い。SNS利用もY世代と違い，自分のありのままをみせる傾向がある。加えて，彼らをターゲットにしたコンテンツが大量に存在するので，パーソナル化やカスタム化の利便性を高く評価する。

さらにY世代と同様に，社会の変革や環境の持続可能性に大きな関心をもっている。Z世代は，その現実主義ゆえに自分たちが日々の決定を通じて変革を促進する役割を果たす自信がある。具体的には，SDGs活動への参画，SDGs実行企業への支持も顕著である。

ブランドとのリレーションシップを通じて，絶え間のないエンゲージメントを求める傾向もある（あらゆるタッチポイントで新しいインタラクティブな顧客体験の提供を企業に求める）。

2025年にZ世代のほとんどが労働力人口を形成することになり，これからの有望市場・重要市場ということができる。

3-3. 価格志向でない地域の良識顧客を育成する

地方の小売業における現在のような疲弊は，量販店チェーンの競争激化による地域の消費者ニーズを超えた過剰な価格対応から生まれていると認識される。近年「ブラック・フライデー」などと称し，新たなディスカウントセール企画で消費者の価格志向をさらに煽る量販店がある。これは消費者をますます価格志向の沼という深みにはまらせる愚策としか思えない。考えてみれば，1990年代のバブル経済崩壊以降，消費者の価格志向に地方は対応しすぎて，価格でしか反応しない，しかもマナーの悪い顧客ばかりをつくってしまったのである。経済性だけに喜ぶ価格志向の地域消費者をつくってしまったことを強く反省しなければならない。

荒廃した地域消費者の生活意識・価格意識を正常にし，さらに良識あるものに小売業が自ら地域の土壌をよくしていくことが重要である。生産者によるものづくりの価値を正しく反映した価格設定，その価値を正しく消費者に伝達するとともに，ものづくりの姿勢やプロセスにも共感をする，価値を理解する消費者を育成，適正な販売方法で提供することが，2020年代の小売業に求められている。

4. コロナ禍を経て構想される新たな流通のあり方

2020年以降のコロナ禍を経て考えられること，消費者生活行動の変化，企

業行動の変化を総括するとともに，そこから新しい流通ビジネスのあり方，店舗のあり方を構想したい。2020年以降，さまざまな業界で生まれ始めた新しい取組みから新時代の構想・アプローチ方法がみえてきている。

4-1. コロナ期に顕在化した新しい生活様式と対応ビジネス

コロナ禍で長い期間，人に会う行動が制約され，人間関係の再考や再構築が行われた。つまり，オンライン上で会える可能性が高まった一方で，直接会うことの意義が再認識されたということである。また移動の制約は，通勤でなくステイホームしつつの仕事の体験，さらにそれを充実させる新たな需要の創造を生んだ。書斎でのテレワーク用品の新規購入やオンライン会議用のビジネス・カジュアル・ウェア，家回りスポーツ需要などである。ステイホームによる可処分自由時間の増加も新たな趣味需要や住まいのインテリア充実の動きを生んだ。

生活時間のもち方が見直され再構築された。仕事の時間，家族との時間，自分のための時間の再認識が進んだといってよい。また場のあり方についても同様である。仕事の場が，オンラインへシフトし，何をどこで行うかの場の選択や場の見直しが進んで，ワーケーションや住まいそのものも，あるいは「旅するように住む」といった，居住のあり方も多様に選択されるようになった。

4-2. ビジネスの「要素分解」とそこからの「再構築」
——「脱構築」のアプローチ

さまざまなビジネスにおいて，消費者への価値提供を構成する要素を改めて認識し，要素に分解することで，そこから新たな関係を再構築するという，いわば「脱構築」することによって，次の可能性が見出だせることが，コロナ禍の経験からみえてきた。

その代表例が飲食店ビジネスである。飲食店の価値提供を構成する要素に分解すると，図終-2のように考えられる。

従来はシェフが材料から調理し料理を盛り付け，飲食店で顧客に提供する（すべてがつながった）形態が一般的で，何も疑わなかったが，この機に活発化したのは，つくられた料理を顧客が「テイクアウト」して，あるいはUberEats

図終-2　飲食店を例とした「価値形成要素の分解」とそこからの新たな関係を
　　　　構築する（脱構築）アプローチ

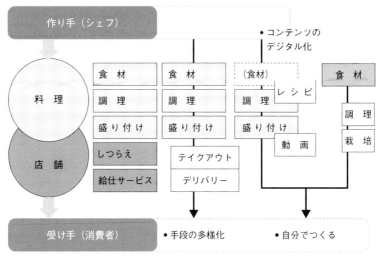

（出所）　筆者作成。

などの宅配業者によって「デリバリー」され，店舗以外の家やオフィスで食べ
る形態であった。調理の仕上げ前までの商品は「ミールキット」となり，シェ
フの調理手法は「デジタル・コンテンツ」「レシピ」となって流通し，消費者
自身が調理することにもなった。キッチンを複数のシェフでシェアする「シェ
ア・キッチン」や，飲食店でない場所で調理する「場」のビジネス「ゴース
ト・キッチン」も誕生した。このように，飲食店の価値提供は，構成する要
素・機能に分解され，新たな機能に再構築されることで新たな価値を生み出す
に至ったのである。

　企業が提供するものを要素に分解し，そこから関係を再構築（脱構築）する
ことで，新たな価値を創造する可能性がある。たとえば小売業が消費者（顧
客）に提供しているものは，現在何なのか。これから先，期待される価値は何
なのか。といったように，消費者（顧客）に対する営業要素の再確認，店舗
（リアルの場）を構成する要素の再確認を行い，次世代の消費者（顧客）に期待
される機能を実現する形態に，要素を（新しく取り入れるものも含め）再構築で

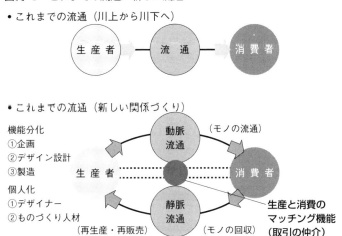

図終-3　これまでの流通／新しい流通

• これまでの流通（川上から川下へ）

生産者　—　流通　—　消費者

• これまでの流通（新しい関係づくり）

機能分化
①企画
②デザイン設計
③製造

個人化
①デザイナー
②ものづくり人材

動脈流通　（モノの流通）

生産者　……………　消費者

静脈流通
（再生産・再販売）　（モノの回収）

生産と消費の
マッチング機能
（取引の仲介）

（出所）　筆者作成。

きないかを考えて，再スタートする好機ととらえられる（百貨店の場合の機能再構築〔脱構築〕については，第8章177頁を参照）。

5. 動脈流通と静脈流通──全体としてとらえる新しい流通

5-1. モノが動く「静脈流通」

　従来からの「動脈流通」では，モノと情報のずれをもちながら価値の伝達と提供がなされている。そしてモノの回収を起点とする「静脈流通」では，そこからリサイクルされた再生原料・素材が次なるものづくりにつながる。まさにモノがリアルに存在し重要な役目を果たすことになる（図終-3）。

5-2. 新しい「動脈流通」の担い手

　前述のように，機能を新たに基本単位に戻してこれからを構想するならば，生産では，製品企画，デザイン設計，製造などに機能分化する。また，デザイナーやものづくり人材など（職人・技術者など）技量によって個人がクローズ

アップされ能力を発揮する個人で注目される。そうした担い手が，新しい生産
と消費の関係づくりの基本単位となっていく。

　そうなればなるほど，生産と消費の隔たりをつなぐ機能が求められるように
なる。そのニーズと，それに対応するソリューションをもつ担い手をマッチン
グさせる取引の仲介機能がいっそう重要になると考えられるのである。

6. 「生活のアマゾン化」とその対応からみえてくるもの

　前述のように，インターネット・チャネル（とくにアマゾン）は，従来の
チェーンストアがもっていた商品（とくに日用品：コモディティ商品）の全国へ
の流通・市場普及機能を担うようになり，さらにその位置づけを拡大する。そ
れだけでなく，ネット・チャネルは，膨大なデジタルな販売データから企業に
需要予測を提供し，消費者個人には購買履歴や嗜好から次の購買をリコメンド
し，ある意味で個人の生活を形成していく。まさに「アマゾンからのリコメン
ドによる生活」が増加していくと予想されるのである。

6-1. 能動的消費と受動的消費

　そこで考えられるテーマは，「能動的消費と受動的消費」ということがある。
日本における消費者の消費意識・行動を長期視点でみたときに再考される概念
と認識される（宮副，2004b）。

　1980年代の後半の「バブル消費」で多くの消費者がブランドや高級品を買
い求めた高額消費や，スポーツや旅行レジャーなどライフスタイルの幅を広げ，
深さを増した行動消費を体験し，その後バブル崩壊以降，価格破壊を経て合理
的な消費行動を余儀なくされ，ここ30年間の日本の消費者は貴重な消費スタ
イルを経験し，商品選択の判断力を蓄積した。

　そうした意味で「消費者は賢くなった」といわれて久しい。しかし本当に消
費者は賢くなったのだろうか。確かに自らの生活価値観をもち，インターネッ
トなどを駆使して情報を収集し，提供される商品価値，自分にとっての価値を
評価する消費者は増えている。小売店の店頭で販売員の接客に期待せず，自ら
で選んで購入する消費者タイプが明らかに存在する。

その一方で，金融商品や情報商品など専門性の高い商品だけでなく，ファッション商品でさえ，消費者にとってはあまりに情報過多で，自分では商品選択できず販売員にお任せするといった購買場面も多い。そしてネット・チャネルの「リコメンド」による購買推奨である。

　消費者自らが，主体的に情報を集め購買の意思決定を行う消費スタイルを「能動的消費」，一方で，誰かのアドバイスに依存して購買の意思決定をする消費スタイルを「受動的消費」と呼ぶとすれば，そうした能動的消費と受動的消費が並存するというのが現状だろう。

　松原（2000）にも，この視点に近い消費者の行動分析が論述されている。松原は，「消費者は一部の分野の商品については強いこだわり（判断力）をもつが，しかし分野そのものが多様なので，関心をもてない分野も多く，それには追随するしかない。人々は，こだわりのある分野については流行のあるなしにかかわらず固執するが，それ以外の分野では，他のこだわりのあるリーダーに従うだけであり，また関心は気まぐれにジャンル間を行き来する。そして関心が続く期間も短期化している」と説明している（152-153頁）。

　「マーケットは多様化・個性化している」とよくいわれてきた。その言葉から連想されるのは，「十人十色」ならぬ「一人十色」だが，しかし10の領域にこだわっているわけではない。こだわる領域は少なく，付和雷同する領域が多いのである。つまり各人が特定分野についてはいわゆる「マーケット・リーダー」だが，それ以外の領域に関しては「フォロワー」になっているということなのである。流行分野では巨大な需要が生じるが，それもじきに消え去っていく。フォロワーは，かつて商品の供給側，たとえば小売業販売員の勧めやメーカーによるライフスタイルの提唱に同調的だったが，彼らに匹敵する自律的な判断力をもつリーダーが，消費者から登場したため，消費者間でも同調は生じている。さらにリーダーとフォロワーが知人であると，「クチコミ」も集まると考えられる。

　受動的消費の場合も，能動的消費で自分が価値判断するのと同レベルの専門性をアドバイザーに求める傾向があり，能動的消費の高まりが自分の不得意分野での受動的消費を加速させると考えられる。すなわち，消費者は基本的に自分で情報収集し，判断できるレベルが向上しているからこそ，不得意分野につ

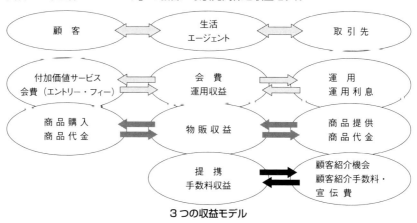

図終-4 「生活エージェント」の顧客／取引先関係と収益モデル

３つの収益モデル

（出所）宮副（2004b）141頁。

いては，得意分野の自分と同レベルの情報をもつ友人や販売員のアドバイスを
求めようとするのではないだろうか。能動的消費も受動的消費もともに，消費
者の情報性が高まったことによって顕在化した消費スタイルであるといえよう。

6-2. 新たな流通に求められる機能
——関係者を仲介するマッチング機能

受動的消費への対応形態の１つとして，エージェント（代理人）的な小売機
能が考えられる（図終-4）。第３章で述べた「パーソナライズ・バリュー」型の
小売業である。

これまで物販に付属したサービスと思われていた特定顧客へのコンサルティ
ング販売は，しっかりした体制で顧客対応することによって，むしろ，探索や
手配の利便性と専門性に顧客が効用を感じて，商品単価以上のサービス対価を
支払う多価モデルが成立すると考えられる。つまり，商品にマージンをつけて
売り，収益を上げるというこれまでの小売業の方法論ではなく，サービスのエ
ントリー・フィーとして会費を徴収する考え方である。

「生活エージェント」は，従来の物販を中心とした百貨店取引先にはない企
業と提携する機会を増やし，そこから新たなビジネスチャンスを生み出す可能

性が高い。顧客の受動的消費に対応し，的確な商品を顧客個別にアドバイスし，商品選択し手配する今後，「生活エージェント」機能が，まったく新しい小売のビジネスモデルになるのではないだろうか。

　小売業が物販により顧客から収益を得ることにとどまらず，取引先－関係先からもさまざまに収益を得るようにビジネスモデルを変革することで，流通は新しいフェーズに進んでいくものと思われる。

注 ————————
1　この項は，コトラー゠セティアワン（2022）に基づき記述する。

学ぶための作法

1. 変化に気づくこと，気づいて考えること

　新しい変化は着々と起こっていく。たとえば，街を歩くときに目にする，さまざまな事象——コト，場，人などに対してあなたはどれだけそれらの変化に気づくだろうか。そのような「気づく能力」を高めるにはどのようにすればよいだろうか。

1-1. 気づく能力の高め方

　気づく能力の高め方としては，①「通時的」と「共時的」の視点をもつこと，②自分の基準値（スタンダード）をもち，それと常に比較すること，などがあげられる。

「通時的」と「共時的」の視点をもつ

　「通時的」とは，物事を歴史的に縦の関係でみることである。「共時的」とは，物事を同時代の横の関係でみることである。すなわち，時系列の変化と現在の他の物事との横並び比較から何かに気づくことになるのである。

　大学への通学時に新しい店ができたことに気づくのは，以前と比べている（通時的にみている）ことであり，その店が他地区の支店に比べて大きい，きれいと思うのは共時的な気づきということになる。

自分の基準値（スタンダード）をもつ

「基準値」とは，①業界において多く用いられる一般的な指標（その度合い），②常識的な状態，などととらえてよい。

指標の例として，日本のGDP（国民総生産）の伸び率は，近年は年率1%前後である。それを基準値とした場合，ある企業におけるビジネスの伸率が5%であるとすれば　高い成長とみなすことができる。さらに2桁の伸長ともなると，なぜそんなに高い成長を果たせるのか，成長要因を知りたくなるほどである。また，EC化率（インターネットを介して販売する電子商取引〔EC〕が商取引総額に占める割合）は，経済産業省の調査によると，日本国内の消費者向け物販で2021年に約9%となった。さらに，商品分野ごとのEC化率は，食品・飲料・酒類が約3%にとどまる一方で，衣料品は21%，書籍・映像・音楽ソフトは46%と差異が大きい。このEC化率を基準値として把握しておくと，あるファッション小売企業がEC比率20%といっても，全体平均（9%）からは高いが衣料品業界（21%）においてはそう高くはないと評価される。基準値をもって物事をみて評価することが大切である。

気づきの身近な例では，駅の広告における変化も興味深い。東京メトロ表参道駅のホーム階段脇の広告は，毎週のように変わっているが，かつての映画『華麗なるギャツビー』の広告はそのスペースを最大限に使い，しかも階段の壁の形状に合わせ，この駅のためだけの広告制作となっており，とても特別なものであった。筆者個人の経験からすると，この広告の特別感が，これまでこの駅でみてきた広告のなかで最大かつ最高という「基準値」ということができる。その基準に照らせば，ある時期のある広告が，どの程度のものであるかが判断できるということである。

また，表参道駅の交通広告は，映画以外では，ファッション・ブランドや化粧品，雑誌業界の広告が圧倒的に多い。今度はどの企業が，どのような広告を出しているかなど，広告の変化をみていくことはとても楽しいことである。

1-2. 気づいて考えること

さらに，気づいたことを受けて，なぜそういう状態であるのかを考えていくことも重要である。事実の発見から事実の背景・要因などを考察すること，す

なわち「仮説構築」するということである。

　たとえば，青山通りを歩くと，青山1丁目のホンダ本社前から青山学院大学前までをみても，花屋がいくつもあることに気づく。胡蝶蘭も売るような大きな花屋から，花束を前面に出したおしゃれな花屋まで，数多く存在するのだ。では，なぜ青山には花屋が多いのだろうか。気づいた後，その現象が表出する理由を考えることがさらに重要である。

　その理由はさまざまに考えられるだろう。たとえば通りの南側には広大な青山霊園があり，墓参りをする際の需要が多いから。花を飾るウェディング・ホールが近所に複数あるから。ファッション・ブティックや飲食店の新規開店が多く花輪の需要があるから。ガールフレンドに花を贈る習慣のある男性が青山に多いから。車で立ち寄ってすぐ買える花屋になっているから。以上のような理由が推測される。そうするとさらにその理由の背景となるもの（地理・歴史や事業所の動向，生活者の意識やライフスタイルなど）を考えたくなる。それは長く続くような理由か，一時的なブームなのか，などと考えることが重要である。街での気づき，店頭で顧客を観察しての気づきなどからいろいろな仮説をもつことができれば，企業として対応するべきことがみえてくる。

　たとえば，「ここにこんな商品があればいいのに」「こうしたらもっと売れるのでは？」などと思うこと。すなわち，現場に立って消費者の視点で感じることが重要なのである。そこからニーズを発見し発掘することができるだろう。

　またさらに，「自分だったらこうするのに」と，自らその改善策を思うこと，施策を企画することもいいことである。日常的に，街でさまざまなものをみて，1つでもいいから，それについて変化や違いに気づき，そこからそれがなぜ起こったのか，原因や背景を考察する，さらにどうしたらいいか想像する。このように，日常的に，マーケッターであったり企画プランナーとしての現場仮免許的な試運転を数多くやっておくと，自分のなかに企画の引き出しが増えていくと思われる。

　NHK番組『チコちゃんに叱られる！』のように，日常のモノやコトについて，そもそもの起源や由来がどのようなものであるかなど，素朴な疑問をもち調べてみることも重要である。ただ漫然と物事をながめることなく，日々を過ごしていこう。

1-3. 変化を生み出す要因は何か

　消費市場や企業動向に変化を生み出す要因は何だろうか。それを考えるうえでヒントになるのがマーケティング論などでいうところの外部環境分析であり、そのいくつかの分析フレームワークがあるなかで一般的なのが「PEST分析」である。これは企業や消費を取り巻く外部環境を最もマクロな視点であるPEST、すなわち、P（Politics：政治）、E（Economics：経済）、S（Society：社会）、T（Technology:技術）の4つの領域で情報収集し、考察するフレームワークである。

　以下では、一例として流通業界を取り巻くPとTの領域について考察を行っていく。

政治的な要素（制度の試行、規制の緩和など）

　流通業界に関係する政治的な与件で代表的な政策は、「流通政策」であろう。流通政策は、流通分野で国の方針、助成、規制等に関するさまざまな政策である。1960年代は「流通近代化」が謳われ（「流通機構の現状と問題点」64年12月通商産業省発表）、70年代には中小小売の保護政策のもと「大規模小売店舗法」（大店法）が74年に施行された。その後アメリカからの強い要請も反映し自由競争を促進する政策に規制緩和され、2000年には大店法が廃止された。しかしその結果、郊外の巨大なSC（ショッピング・センター）が相次いで建設され、中心市街地の商業は大きな影響を受け、シャッター街といわれるような衰退を招き、現在に至っている。

　このような流通政策の変遷の影響を強く受けたのが、長い歴史をもつ業態としての百貨店業界の企業である。流通政策に翻弄されて今があるといってもよい。すなわち、その歴史を振り返るならば、まず戦後の復興期に、流通近代化の担い手として通商産業省が選定したのは、当時も一定の存在感をもっていた百貨店ではなく、アメリカの影響を受けて誕生した、当時新興だったスーパーマーケットであった。これにより1960年代から「ダイエー」「イトーヨーカ堂」などの企業が隆盛した。百貨店は、1970年代には大店法の規制を受け、新規出店も店舗増築もできず、そのなかで売上拡大・成長するため客単価アッ

プ施策を取らざるをえなかった。そこで，海外デザイナーのファッション・ブランドの導入，美術・宝飾・貴金属などの高級品やギフト用品の品揃えを強化し，外商（アウト・セールス）という店舗外販売に力を注ぐことになる。昭和になってから続いていた大衆向け路線からの転換であった。2000年代に行われた店舗の規制緩和以降，百貨店も新規出店を行ったが，大型SCや駅ビルの大規模な出店とその増加の勢いには競合負けして今日に至っている。

　これまで長年，百貨店企業は，このような流通政策に起因する時代環境の変化へ一定の対応力を発揮してきた。新しいことを取り入れ，変化して，今に生き延びている百貨店企業は，企業内革新を繰り返してきたわけで，ある意味，「したたかな経営」ということができる。現在の状況だけをみて，百貨店は高級品を扱う敷居の高い店という認識は，正しいとは言い難い。長い歴史を経て今があるという見方をしていかなければならない。

　ちなみにファッション専門店は，百貨店と同じ価値創造業態であるが，百貨店と違い多産多死型，つまり，絶えず次の企業・業態を新しく生み出し（スクラップ＆ビルド），生き延びる手法を選択しており，両者の時代環境対応への変革手法を比較すると興味深い。

情報通信技術の可能性

　流通に変化を及ぼす要因として，情報通信技術（ICT）も見逃せない。個人がスマートフォンを保有しその機能を積極的に活用する現在，企業からの広告宣伝情報の受信から，商品の受注，決済までを手元で行うことになり，マーケティングの対象は固定した世帯・家から，移動する個人へとシフトし，ICTは流通を大きく変えてきた。

　またメーカー，卸売業，小売業間の商品情報，物流情報について，データの標準化やネットワークの高度化が進み，業務の迅速化や生産性は格段に向上した。さらに取引先関係そのものにも変化を生み出し，川上企業が直接，消費者につながる動き（D2C：ダイレクト・コンシューマー）も顕在化し，新しい関係性が生まれている。今後，デジタル化が流通に及ぼす可能性は，現時点から想像もつかないものに変化し発展しそうである。

2. 変化を正しく認識し，これからを考える

2-1. 新しいことを正しく理解・評価する

　ここで大事なことは，新しいことへの正しい気づきである。単に新しくても，長続きしない事象や用語（バズワード）に翻弄されないことである。

　流通関係の本でも，経営戦略の本でも，キャッチーな概念の名称や用語が次々と生まれ話題となるが，そのうちに廃れ，別の概念・用語に取って代わられていることがしばしばみられる。そのようなバズワードに振り回されないことが大切である。

　そのためには，新しい変化が，①一過性の流行のような変化か，②今後の新しい基本構造になる潮流か，見極めることが重要である。変化に対応することは，あながち悪いことでないが，見極めずに対応し，多額の投資をして無駄になることも多い。

　一例として「アマゾン GO」の例を考えてみよう。2016 年，アメリカ・シアトルでオープンしたアマゾン GO は，レジのないスーパーである。顧客は商品を選び店外に出る際に自動的に決済する仕組みになっている。ここでは，AI カメラが活用されている。店内に入った顧客が陳列棚から商品を手に取ると，店舗の天井に設置された AI カメラが商品と顧客を自動で認識して両者を紐づける。顧客が出口のゲートを通過すると，自動的に決済が行われる仕組みである。顧客はレジに並ぶ必要がないため，わずかな時間で買い物が完了となる。この仕組みは日本のスーパーマーケットでも，革新的な店舗システムと評され，実際に一部で導入された。

　しかし，巨額の情報システム投資に見合う成果が得られるだろうか。そこまでデジタル／AI 技術の投資をして利幅の薄いスーパーマーケットにとって有効かと疑われる。このようなコモディティ商品については，買い上げ後の購買データ分析で，関連購入分析もできれば次善対応に十分なデータではないか。マス向け（不特定多数顧客）への商品流通の担い手として全国に店舗をもつに至った企業は，現時点では存在感があり，堅調な経営から安定しているが，今

後，アマゾンなどオンライン小売業にその座を取って代わられるかもしれない。そのような店舗小売業のデジタル／AI情報システム投資は無駄ではないのか。

　実際に，アマゾンGO開業から4，5年も経つと，アマゾン自体が，アマゾンGOの店舗展開をやめて，買収した高質スーパーマーケット「ホールフーズマーケット」を重視し，そこで得られる富裕層やアッパー・クラスの消費者による食品購入のリアル・データを活用する戦略に舵を切った。

　まさにバズワード的な概念・用語や事例に振り回されることなく，新しいことを正しく認識し，本質を見抜いて，次の行動を起こすことが重要と考えられる。これは学生よりもビジネスパーソンになってからのほうがとらわれてしまうケースが多いのではないか。常に新しいことを考える機会が増え，本質や構造の理解を飛ばして要旨だけをかいつまんで理解した気になっている場合や，次々と生まれるバズワードが散りばめられたタイトルの図書や雑誌特集を読んで，このような用語・概念に接し，取り入れないと世の中に遅れると思う切迫感があるからだろうか。

　序章にて記述した内容を繰り返していうが，変化を正しくとらえることが大切である。そして「変化は楽しい」とポジティブにとらえ，変化に直面して慌てるのでなく，先に前へ行って打ち手を打って構える。そのような意識と態度で流通に関わっていきたい。

参 考 文 献

〈日本語文献〉

麻倉佑輔・大原茜（2003）『最新・百貨店の店舗戦略』同友館。

石原武政・加藤司編著（2009）『シリーズ流通体系（5）日本の流通政策』中央経済社。

石原武政・竹村正明・細井謙一編著（2008）『1 からの流通論』中央経済社。

内海里香（2015）「流通産業──ファッション専門店」須田敏子編著『「日本型」戦略の変化』
　　東洋経済新報社，第 8 章所収。

奥田拓人（2021）「サーキュラーエコノミーの重要性」デロイトトーマツグループ監修
　　『グリーン・トランスフォーメーション戦略』日経 BP，所収。

加藤小百合（2022）「コムデギャルソン」宮副謙司編著『青山企業に学ぶコミュニティ型マー
　　ケティング』中央経済社，第 1 章所収。

株式会社日本総合研究所（2021）「環境省令和 2 年度ファッションと環境に関する調査業
　　務──『ファッションと環境』調査結果」株式会社日本総合研究所リサーチコンサルティ
　　ング部門 事業開発・技術デザイン戦略グループ

経済産業省（2022）「令和 3 年度電子商取引に関する市場調査」経済産業省商務情報政策局情
　　報経済課。

佐伯悠（2022）「アクタス」宮副謙司編著『青山企業に学ぶコミュニティ型マーケティング』
　　中央経済社，第 4 章所収。

鈴木安昭・関根孝・矢作敏行編（1997）『マテリアル 流通と商業』有斐閣。

田島義博（1988）『マーチャンダイジングの知識』日経文庫，日本経済新聞社。

田島義博・原田英生編（1997）『ゼミナール流通入門』日本経済新聞社，26-35 頁。

長柄友輝雄・島貫亮輔（2023）「JEPLAN（日本環境設計）」青山学院大学大学院国際マネジメ
　　ント研究科；ABS ケース。

丹羽弘善（2021）「資源循環を中核としたシステム構築」デロイトトーマツグループ監修
　　『グリーン・トランスフォーメーション戦略』日経 BP，所収。

パタゴニア（2019）『環境的・社会的イニシャチブ』（日本語版）パタゴニア。

林周二（1962）『流通革命』中央公論社。

松原隆一郎（2000）『消費資本主義のゆくえ──コンビニから見た日本経済』ちくま新書。

三浦俊彦（2013）『日本の消費者はなぜタフなのか──日本的・現代的特性とマーケティング
　　対応』有斐閣。

水野博之（2022）「ナチュラルハウス」宮副謙司編著『青山企業に学ぶコミュニティ型マーケ
　　ティング』中央経済社，第 3 章所収。

宮副謙司（1994）『新「百貨店」バラ色産業論』ビジネス社。

宮副謙司（1998）『小売業変革の戦略──関係マーケティングの展開』東洋経済新報社。

宮副謙司（1999）『ソリューション・セリング』東洋経済新報社。

宮副謙司（2004a）「パスダーマジャン『百貨店論』を読む──百貨店の機能と革新性再考」
　　『赤門マネジメントレビュー』第 3 巻第 10 号，499-528 頁。

宮副謙司（2004b）「顧客ロイヤルティを高める生活エージェント――松屋銀座『ジ・オフィス』事例」（分担執筆）嶋口充輝・内田和成編著『顧客ロイヤルティの時代』同文舘出版。
宮副謙司（2006）「百貨店における経営知識の移転」東京大学博士学位論文。
宮副謙司（2008）「マーチャンダイジングの捉え方について――MD の定義と業態別特徴」東京大学 COE ものづくり経営研究センター MMRC Discussion Paper 第 193 号。
宮副謙司（2010）『コア・テキスト流通論』新世社。
宮副謙司（2013）「マーケティング戦略」宮副謙司・須田敏子・細田高道・澤田直宏『流通業のための MBA 入門』ダイヤモンド社，第 2 部所収。
宮副謙司（2015）「流通産業：百貨店」須田敏子編著『「日本型」戦略の変化』東洋経済新報社，第 8 章所収。
宮副謙司（2016a）「米国メイシーズのオムニチャネルリテイリング――店頭－ネット連携商品表示の定点観測調査での発見と示唆」日本マーケティング学会ワーキングペーパー，第 2 巻第 14 号。
宮副謙司（2016b）「2030 年の百貨店――マーケティング機能再考からの新しい時代適応の構想」日本マーケティング学会ワーキングペーパー，第 3 巻第 2 号。
宮副謙司（2019）「青山から考える地域活性化⑦――企業の SDGs と地域活性化」青山学報 270 号，青山学院。
宮副謙司編著（2021）『企業経営と地域活性化―愛媛県西条市の事例から』千倉書房。
宮副謙司編著（2022）『青山企業に学ぶコミュニティ型マーケティング』中央経済社。
宮副謙司・内海里香（2011）『全国百貨店の店舗戦略 2011』同友館。
宮副謙司・内海里香（2017）『米国ポートランドの地域活性化戦略――日本の先を行く生活スタイルとその充実』
山本晶（2021）「一時的所有行動に関する概念的検討」『マーケティングジャーナル』日本マーケティング学会，第 41 巻第 2 号，7-18 頁。

〈英語文献〉

Alderson, W. (1957) *Marketing behavior and executive action,* Richard D. Irwin, Inc.（石原武政・風呂勉・光澤滋朗・田村正紀訳『マーケティング行動と経営者行為』千倉書房，1984 年）
Copeland, Melvin T. (1924) *Principles of Merchandising,* Chicago and New York: A. W. Shaw Company. (Reprinted by Arno Press, New York, 1978)
Kania, J. and Kramer, M. (2011) Collective Impact, *Stanford Social Innovation Review,* Winter 2011. (https://ssir.org/articles/entry/collective_impact#　2022 年 10 月 24 日閲覧)
Kotler, P. (1980) *Marketing Management : Analysis, Planning, and Control,* 4th ed., Englewood Cliffs, N. J. : Prentice-Hall.
Kotler, P. (2000) *Marketing Management: Millennium Edition,* 10th ed., Prentice-Hall, Inc.（恩藏直人監修，月谷真紀訳『コトラーのマーケティング・マネジメント　ミレニアム版（第 10 版）』ピアソン・エデュケーション，2001 年）
Kotler, P., Kartajaya, H. and Setiawan, I. (2021) *Marketing 5.0: Technology for Humanity,* Wiley.（恩藏直人監訳，藤井清美訳『コトラーのマーケティング5.0――デジタル・テクノロジー時代の革新戦略』朝日新聞出版，2022 年）

Kotler, P. and Keller, K. L.（2009）*Marketing Management*, 13th ed., Pearson Education International.

Pasdermadjian, H.（1954）*The Department Store: Its Origins, Evolution & Economics*, Newman Books.（片岡一郎訳『百貨店論』ダイヤモンド社，1957 年）

Solomon, M. R.（2013）*Consumer Behavior: Buying, Having, and Being*, 6th ed., Pearson Education.（松井剛監訳『ソロモン消費者行動論』丸善出版，2015 年）

Stern, L. W. and El-Ansary, A. L.（1992）*Marketing Channels*, 4th ed., Prentice-Hall.

あ と が き

流通に関して教育現場で日々思うこと

　筆者が勤務する大学院は，近年中国からの留学生が占める割合が増している。彼ら（中国国内における人口や経済レベルでの都市評価で上位とされる1線・2線都市の出身者が多い）が日本に来てまず驚くのは，小売店舗の多さ（数も種類も）とそれによって賑わう街の人の多さ・活気である。国土の広い中国では，Eコマースの比率が高く，リアル店舗については週末に大型SCに行くときや，さまざまなものをまとめ買いするときに利用というショッピング・スタイルのほうが一般的である。日本のようにターミナル駅だけでなく，住宅地の駅やその周辺にも商店街があり，そこには生活に身近な食料品や日用品の店だけでなく，ファッション関係（洋服，バッグや靴など）の店舗もあるということが彼らには珍しいのである。日本の国土の地理的条件と発達した鉄道網，鉄道会社による商業施設開発が，日本を世界に類をみないほどの小売店舗が身近に存在する国にしたといってもよいだろう。

　本書の狙いとして掲げている，基本的・構造的な変化と話題だけの新しさとを見極める目を外国人学生がもつように養成するには，現在の構造になるまでの通時的な経緯（日本的な経緯）を確実に伝え，理解してもらうことが重要と考える。彼らは今の日本の流通の現象からしか考察しないわけだから。

　さらにいえば出身国との違いを共時的に比較して気づき，議論することも重要に思う。そうしたディスカッションを本書を活用しながら授業で積極的に行っていきたい。

ファッション産地研究からの思い

　また，現在の日本のファッション産業が抱えている課題は，日本のものづくり・流通の歴史が江戸時代の各藩の産品開発，北前船や近江商人等による全国流通システムの存在を歴史的な背景としてもっており，そのうえに明治期の近代化・産業の工業化が外貨獲得のための製糸業からスタートしたことと無縁で

はない。かつては，日本の至る所に繊維産業の集積地があり，そこでものづく
りネットワークが形成され，1950年代の「ガチャ万景気」の頃には各地で栄
華を極めた。日本のファッション産業のサプライチェーンは，小規模事業所が
多く・多段階という業界構造をもっている。繊維産業が農家の副次的収入源と
して，各戸あるいは集落で取り組まれた結果，このような特徴をもつことと
なったと考えられる。この方法は各戸・集落で編み出した特殊技術（絣の柄な
ども含む）の外部流出を防ぐのに役立ったが，逆に現代のように産業自体が衰
退し，後継者・技術を伝達する人材がいないという時代には大きなマイナス要
因となる。その結果が，各地で生産工程の一部が途絶えたことで，製品の製造
自体できなくなり，産地としても消えていくという状況である。

川上との関係から変わるファッション消費

　現在，急速なICTの進展により，これまでの小売業やサプライチェーンの
あり方が大きく変わってきている。従来，川上に位置し，B2Bのビジネスし
かやってこなかったような企業が，積極的に直接消費者とつながろうという動
きがますます加速している。これは，長らく日本のファッション商品の企画・
製造を担ってきたアパレル・メーカーとその主要な販売チャネルとして君臨し
てきた百貨店企業の軒並みの業績不振とも関係しており，またファッション販
売とその消費のあり方も大きく変化していることと無縁ではない。

　本書でも取り上げたが，「メルカリ・エフェクト」「サーキュラー・エコノ
ミー」が，ファッションの消費にもたらした影響は計り知れず，ファッション
製品の流通・サプライチェーンのあり方，消費のあり方を根本から変えてし
まった。消費者は，いずれメルカリに出品することを前提にファッション製品
を買うようになり，また，中古品に対する抵抗感は薄れ，「ヴィンテージ」と
いう呼び方で，むしろ希少価値があり，他者との差別化可能なものとして購入
したり，新品の製品を購入したりして，地球環境にこれ以上負荷をかけること
がないようにとか，コスト・パフォーマンスの面で評価したりといった具合で
ある。

若い世代の新しい流通について

　また，この流れは，これまでの製造業中心の流通（販売見込み数量，あるいは販売可能な価格にするために一定数量を製造・販売する方式）から消費者起点の流通へと変化してきていることも示している。つまり，供給ありきの流通から需要ありきの流通への変換である。限りある資源や地球環境問題を考えると，無駄なものを生み出さない・作らない需要ありきの流通へとシフトするのは，ある意味当然である。また，ファッションの世界では，メタバースという仮想空間を活用し，アバター用にヴァーチャル・ファッションを購入するということも行われるようになってきた。これなどは，ゲーム感覚を伴うファッション購買の1つだが，資源の無駄遣いや地球環境の保護には役立つだろう。Z世代を中心とするゲームの世界に慣れ親しんだ層を中心に，メタバースの世界，ヴァーチャル・ファッションへの関心は高い。

長いコロナ禍の生活を経て

　新型コロナウイルスの感染拡大によって，日本でも急速に進んだオンライン・ショッピングに関しても，業績悪化に苦しむアパレル・メーカーがリアル店舗にかかるコスト削減の効果も狙って，積極的に取り組んでいる。また，中小企業や新規起業者でも比較的容易にECサイトを構築できるサービスを提供する企業も増えてきた。新型コロナウイルスの感染拡大によって，外出自粛が求められたことによりさらに進んだICT技術の活用やオンライン・コミュニケーション手法の飛躍的な進展は，新たな小売・流通のあり方を示した一方，オンライン・ショッピングの問題点も明らかにしたように思う。

　つい数カ月前に発表されたファッション業界紙による日本のファッションEC市場の現況調査結果をみると，2021年度の市場規模は対20年度比で10.6％増，EC比率も対20年度比7.2％増という結果となっている。しかし一方で，2021年度は新型コロナウイルスに対する知見も増え，外出自粛の要請も減り，3割以上の企業でEC比率が下がるという現象も起きている。どのようなファッションを扱っているかによっても違うだろうが，「やはり，リアル店舗で実物をみて」「気軽なレジャーでもあるリアル・ショッピングの楽しみを味わいたい」という消費者も多かったようである。

EC 比率が35％以上（平均は19.5％）という企業もあり，そのような企業がどのような施策を採ったかというと，「商品情報の充実」「ブランド・コンテンツ作り」だという。リアル店舗と違い，世界中の消費者が対象，ライバル企業も世界中にたくさんいるという EC の世界では，独自性のあるサイトを構築しない限り，ビジネスを成功させることは難しいということだろう。若い世代を中心にリアルとオンラインを行き来する買い方がほぼ定着してきた日本において，商品情報に関してはオンライン・サイトでしっかり収集し，それでもサイズや品質などの点で不安を覚える消費者は最終的にリアル店舗に足を運び，商品について確認してから購入へと至る。ファッション企業側も，EC ではきめ細かな接客はできないため，顧客が最終的になるべくリアル店舗へと向かうような工夫を凝らしているようだ。

これからの流通を考える

オムニチャネル，OMO が叫ばれる時代になっても，企業・消費者双方ともにリアル・ショッピングやリアル店舗がもつ魅力は変わらない。とくに，日本のように国土の狭い（小売店舗が身近にある）国ではなおさらのことだろう。サステナブルな社会が志向される時代になって，よけいにファッションなどのものづくりのあり方，流通の姿は変わっていくだろうが，それでも，作り手から最終消費者に届くまでの「流通」は必ず存在する。作られたものは，それだけでも価値をもっているが，流通や小売を通して付加される価値も少なくない。

本書を通じて，多くの方々が「流通」や「小売店舗」がもつ意味について，改めて考える機会となれば幸いである。最後に，本書を執筆する機会を頂戴した，有斐閣書籍編集第二部の柴田守氏に深く御礼申し上げます。

2023 年 1 月吉日

内海 里香

索　引

【事　項】

【人名・企業名・ブランド名】

◆ アルファベット

◆ ア　行

【有斐閣ブックス】

新しい流通論
The New Strategy of Retail Marketing

2023 年 3 月 10 日 初版第 1 刷発行

著　者	宮副謙司，内海里香
発行者	江草貞治
発行所	株式会社有斐閣
	〒101-0051 東京都千代田区神田神保町 2-17
	https://www.yuhikaku.co.jp/
装　丁	与儀勝美
印　刷	萩原印刷株式会社
製　本	牧製本印刷株式会社
装丁印刷	株式会社亨有堂印刷所

落丁・乱丁本はお取替えいたします。定価はカバーに表示してあります。
©2023, Kenshi Miyazoe, Rika Utsumi.
Printed in Japan. ISBN 978-4-641-18462-6